隼人異聞史話

縁の下の古代史―

中村明蔵

国分進行堂

本書は、二〇一四年三月から二〇一四年十二月まで、地域情報誌『モシターンきりしま』（国分進行堂）に十回にわたって連載された原稿に加筆したものである。

はじめに

古代の南部九州の住民、ハヤトの実像を追い求めて数十年。ある人いわく、「ハヤトのストーカーだ」と。

何といわれようと、ハヤト追跡への興味は尽きない。「隼人」あるいは「早人」とも表記されるように、空を飛ぶハヤブサの如く、また陸上短距離の走者の如く、筆者の目の前で、姿を見せては消えていく。その実像と実態を追うのがおもしろいのである。

隼人は二つの性格をもっている。

その一つは、国土の南辺に住む蛮族とみられるもの。他の一つは、天皇（大王）の側近に仕えて、身辺の警護につとめる。

この二つの側面は、一見してまったく反する性格である。それが古代では、矛盾したものとは受けとめられていないのである。
やはり、おもしろい。

そこには、人間そのものの二面性も見えてくるように思われる。

「貴賤は分たず」といい、「浄《じょう》と穢《え》(けがれ)は不離《ふり》(離れず)」で、現象的には別のようであるが、その実態は一体ではないか。

それを、隼人を通して追っているのであるが、その正体は、ようやく見えてきたようである。

隼人異聞史話——目次

第一部　大王側近のプレ隼人篇

第二部　神武天皇の復活篇

第一部　大王側近のプレ隼人篇

一章　その一

大王に仕える隼人サシヒレ

河内国と大和国の国境いには一連の山並みがあり、両国の境界になっている尾根が両側の平地部からよく望まれる。その山並みは、北から生駒《いこま》・信貴《しぎ》・二上《にじょう》・葛城《かつらぎ》・金剛《こんごう》などの諸山で、中央部の信貴・二上の両山並みがいくらか低い。

これらの山々は古代から河内・大和の人々に親しまれたもので、『万葉集』をはじめ多くの文献に登場する。それは、古代においては、とりわけ宮都がこの両国に営まれたことから、河内の人々が大和へ、あるいは大和から河内へと往来が頻繁で、そのたびにこの山並みを越えなければならなかったことにも一つの理由があった。それだけに、この山並みを越えるルートが古来いくつか開けていた。

そのうちの一つが竹内街道である。竹内街道はいまの大阪府堺市から東方へのび、羽曳野《はびきの》市を抜け、二上山の南を越えて大和に入る。大和に入ってもこの街道はさらに東にのび、飛鳥の北部へ連なる。

二上山はその名のように二つの頂部があり、それぞれ雄《お》岳・雌《め》岳とよばれる五〇〇メートル前後ほどの高さの山である。私はかつて大和に住んでいたころ、大和では二《に》上山《じょうさん》のほかにはこの山の別の呼び名を聞いたことはなかったが、あるとき、河内を歩き廻っていたところ、土地の人に二子《ふたご》山と教えられたことがあった。

古代の人々は「ふたかみ山」と呼んだようで、『万葉集』の歌ではこの呼び方のほかでは歌の心をとらえ難いようである。

いまから一六〇〇年ほど前の、五世紀の前半のことであった。

主人と思われる人物を馬の背にかつぎのせた一団が、河内平野をあわただしく東へ進んできた。竹内街道をやってきたかれらは、ときにふり返り、追手を気にしている

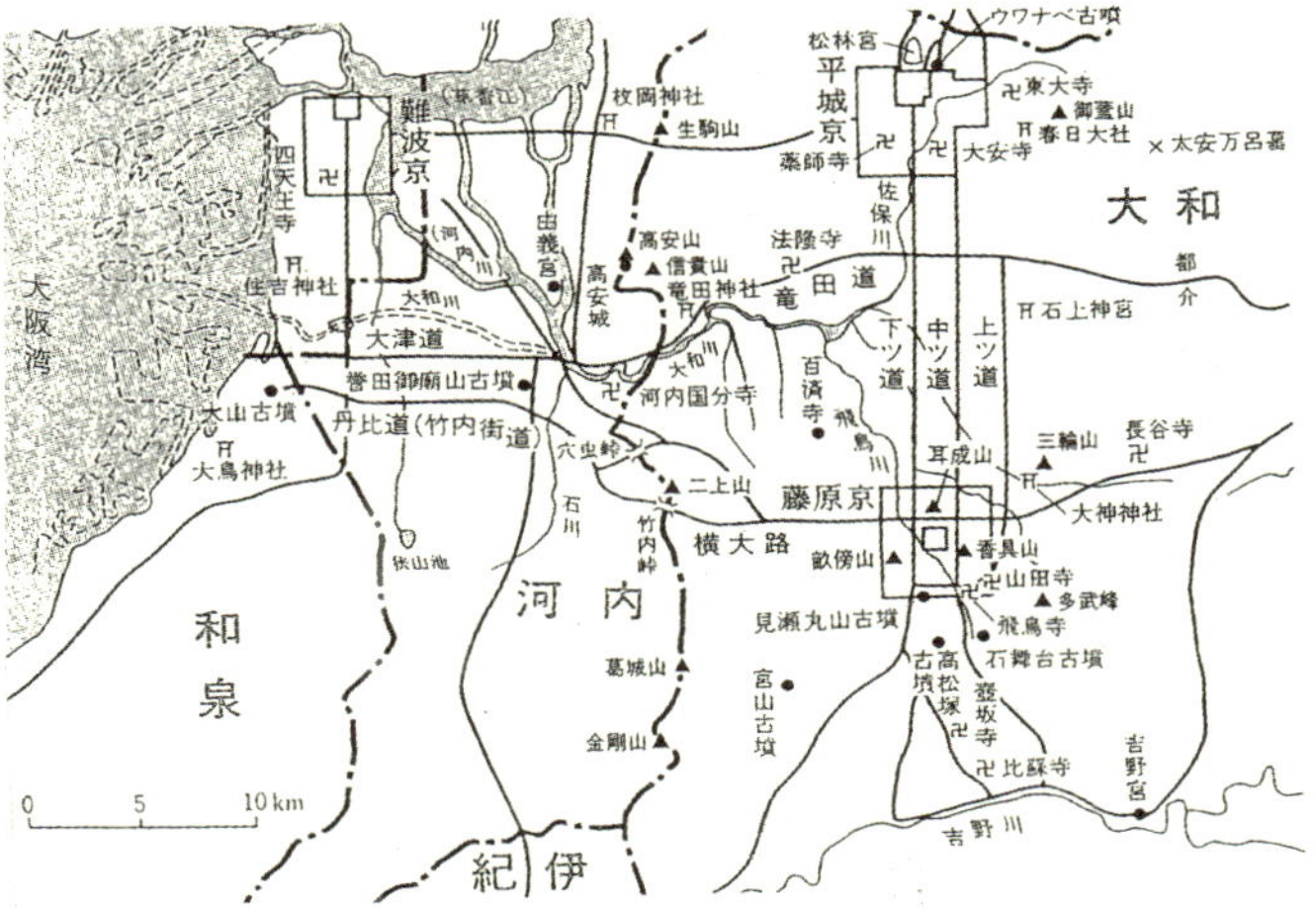

古代畿内（南部）略図

ようである。二上山の山麓までやってきた一団は、休むこともなくそのまま斜面を登りはじめた。暗闇の中を。

疲れはてているのでもあろうが、ことばを交わす者もなく、重い足をただ上に運んでいる。そして、ようやく中腹の展望のきく位置までやってくると、先頭の三人が馬をとめて立ち止まり、後続の従者達はその場にすわりこんだ。

かれらはいま登ってきた道筋を目でたどり、耳をすまし、追手の気配のないのを確かめると、北西の方向に目を移した。月夜ではあるが、樹木の生い茂る山道では月の光も忘れていた。ところが、坐りこんだこの付近は木のない草地で、眼下の展望もきく。青い下界がそこに沈んでいた。

いまかれらが目をやった方向に一筋の白い光が走っている。大和川の流れである。その川筋の果てるかなたに赤い光がかすかに見える。それがかれらの脱出した難波高津宮《なにわのたかつのみや》の炎上の火であることはすぐわかった。

古代の王朝はその初期においては大和で発展したが、四世紀の末から五世紀にかけては大阪湾に臨む河内平野に進出した。応神《おうじん》天皇とその子、仁徳《にんとく》天皇の時代のことである。歴史家はそれを河内王朝（王権）といい、応神王朝ともよんでいる。

仁徳天皇の御陵ともいわれる大山《だいせん》古墳がいま堺市にあるのは、この王朝が河内平野を基盤にしていたことを示す一つの証拠とされるが、その父応神天皇の御陵ともいわれる誉田御廟山《こんだごびょうやま》古墳も同じ河内平野の東にあり、従来の天皇の陵墓が大和に存在することからすれば、河内王朝といわれる背景もうなずけよう。

王位争いにまきこまれる

仁徳天皇についての、いまの子供たちの知識はその陵墓の規模が世界最大であるということだけにつきる。しかし、戦前の国史の教科書には、その名のように徳の高い人物として描かれていた。

から、都を遠くはなれた國々の人民はどんなに苦しんでゐることだらうと、ふびんにお思ひになり、三年の間は税《ぜい》ををさめなくてよいとおほせ出された。そのため、皇居はだん／＼あれてきたが、天皇は少
仁德天皇が臺に立ちのぼるかまどの煙を御らんになつた

手元にある文部省検定済昭和十年発行の『尋常小学国史』（上巻）によると、次のような一文がある（漢字は当用漢字に改めた）。

第十六代仁徳天皇は、応神天皇の御子で、御なさけ深く、いつも人民をおあはれみになった。天皇は、都を難波におさだめになったが、皇居はいたって質素な御つくりであった。天皇は、ある日、高い御殿におのぼりになり、四方をおながめになると、村々から立ちのぼるかまどの煙が少なかったので、これは、きっと不作で食物が足らないためであらう。都に近いところでさへこんな有様であるから、都を遠くはなれた国々の人民はどんなに苦しんでゐることだろうと、ふびんにお思ひになり、三年の間は税をさめなくてよいとおほせ出された。そのため皇居はだん〳〵あれてきたが、天皇は少しも御気におかけにならず、御召しものさへ新しくおつくりになることもなかったくらゐである。そのうちに、豊年がつゞいて、村々の煙も盛に立ちのぼるやうになった。天皇は、これを御らんになって、「われは、もはやゆたかになった。」とおほせられ、人民がゆたかになったことを、この上なくおよろこびになった（下略）。

ところで、話はこの天皇の皇子たちのことである。仁徳天皇と皇后の磐之媛《いわのひめ》との間には四人の皇子があった。上から、イザホワケ（去来穂別）、スミノエノナカ（住吉仲）、ミツハノワケ（瑞歯別）、ヲアサズマワクゴノスクネ（雄朝津間稚子宿祢）の四人である。

長子のイザホワケは皇太子であった。仁徳天皇が亡くなると、イザホワケは皇位につくはずであったが、その直前に一つの事件がおこった。

イザワホケは羽田矢代宿祢《はたのやしろのすくね》の娘、黒媛《くろひめ》を妃《きさき》とすることを望み、すでに婚約の儀もおわり、婚礼の日を決めるため、弟のスミノエノナカを使者として遣わした。ところが、使者としておもむいたスミノエノナカは黒媛の美しさに惹かれて一夜を共にしてしまった。そのとき、スミノエノナカは兄の名を偽って名のったという。

兄のイザホワケは次の日の夜、黒媛をたずねた。なにも知らない兄は黒媛の部屋に入ると、その寝室で鈴の音がするので、おかしいことだと思い、黒媛に「その鈴は・・・」とたずねると、「昨夜、太子がお持ちになった鈴ではございませんか。いまさらどうしておたずねになるのですか。」との答えにおどろき、弟が黒媛と通じたことを知り、黙ってその場を去った。

鈴を黒媛の家に忘れて帰ったことから、兄に黒媛との間を知られた弟のスミノエノナカについて、『日本書紀』は、爰《ここ》に仲皇子、事有らむことを畏《おそ》りて、太子を殺《し》せまつらむとす。密《ひそか》に兵《いくさ》を興《おこ》して、太子の宮を囲む。

と記しているが、筆者にはこの書きぶりからすると、スミノエノナカの行動ははじめから計画的であったと思われてならない。

ところで、スミノエノナカの挙兵にかえってその虚をつかれたイザホワケの側では、側近の者たちが太子を助け出そうと、太子に事態の急なることを告げるが、太子は泥酔していてそれに応じようとしないため、太子をかつぎ出し馬にのせてようやくその場を脱出した。

太子をつれ出した一行は、難波から道を南にとり、いまの堺市付近までくると東へ進路を変え、竹内街道を進んだ。かれらの選んだこのコースには、途中に父祖の陵墓があることから、暗にその加護を求める気持ちが働いていたのかも知れない。が、最終の目的地は大和にあった。

夜半の道を、東へ東へと急いで、やがてかれらは二上山の麓までたどり着いた。さきに、主人と思われる人物を馬の背にかつぎのせた一団が暗闇の中をやってきたのは、じつはかれらであった。

ここまでつれ出されて、太子はようやく酔がさめ、難波の方角をのぞんで皇居の燃える火をみておどろいたという。正気にかえった太子は一刻も早く大和へのがれようとして、一行をせきたてた。夜も明けはじめた。

途中で一人の少女に出会った。その少女のいうには、山中には武器をもった兵士が多くいるという。スミノエノナカの手が早くも回っていた。一行は竹内越えを捨て、北に進んで、大和川の川沿いに竜田山を越える進路をとった。

しかし、ここにもすでに追手はせまっていた。しばらく身を隠してようすを伺うと、追手の数はさほど多くはない。そこで、こちらから兵を出して追手を逆に包囲して捕えた。

追手の一団は、淡路島の野島の海人《あま》で首領は阿曇連浜子《あづみのむらじはまこ》という者で、スミノエノナカの命令に従った者たちであった。

追手が淡路島からまで動員されていることは、イザホワケ太子の側にとっては少なからず衝撃であった。スミノエノナカの側には予測を上まわる兵力が集結しており、追手も次々にやってくることが十分に予想されるからである。かれらは大和への道を急いだ。

川沿いの道は、両岸に山がせまり逃げ場がない。攻める側にとってはそこがねらい場である。太子の一行は気はあせるものの、身を隠しながらの行動であるから、思うように先に進めない。

やはり追手は現れた。数百名とみられる。追手とはいえない。すでにかれらは先回りしていて道をふさいでいた。こんなときには無闇に交戦することは愚かである。その数からみても勝ち目はない。しばらくようすを伺い、使者を出した。

使者は殺傷されず無事帰ってきた。そのやりとりの報告を聞くと、待ち伏せしていたのは倭直吾子籠《やまとのあたいあこご》とその手勢で、いうまでもなくスミノエノナカの指令によって、太子一行の行く手をふさいでいた。

しかし、吾子籠には情勢によっては太子側につこうという気もあり、交渉しだいというう意向がよみとれるという。古来、戦場ではよく見られる日和見《ひよりみ》の手合いである。そこで重臣の一人を再びつかわし、吾子籠と交渉させたところ、「太子を助けまつらむ」といい、服従の意を示すために妹の日之媛《ひのひめ》を太子に献上するという。

石上神宮は軍事拠点

吾子籠の寝返りによって危急を脱した太子一行は、かえって護衛の兵力を強め、大和盆地を西から東へ抜けて、石上《いそのかみ》の振《ふる》神宮にたどり着いた。いま天理市布留《ふる》にある石上神宮である。

イザホワケ太子が石上神宮に拠ったのは、この神宮は古くから武器貯蔵所となっていた。今でも有名な七支刀《しちしとう》などが所蔵されている。その上、太子の側近の一人に物部《もののべ》大前《おおまえ》がいたことも関連している。というのは、石上神社は物部氏の司る神であり。物部氏はまた朝廷においては軍事を担当する氏族であったことにもよるからである。

このようにして、ようやく一つの軍事拠点を手中にした太子は、ここでしばらく難波の情勢をみて時機を待つことになった。

石上に落着いて数日すると、弟の一人、ミツハノワケが兄をたずね追ってきた。しかし、兄の太子は、この弟の心中を疑って会おうとはしなかった。弟のミツハノワケは、そのとき兄の側近に対して自分の心情を次のように吐露したと、『日本書紀』は伝えている。

「今太子と仲皇子と、並に兄なり。誰にか従ひ、誰にかそむかむ。然れども道無きを亡ぼし、道あるに就かば、其れ誰か我を疑はむ。」

それだけ告げると、ミツハノワケは兄に会えぬまま、難波へひき返した。すでに心は決まっていた。次兄のスミノエノナカを殺し、長兄の太子に自分の真意を行動で示すことである。

かつて高徳のほまれ高い仁徳天皇の皇子たちは、かくて兄弟相互に争うことになった。古代において兄弟間における殺戮《さつりく》は、さほど珍しいことではない。が、その多くの場合は一夫多妻にもとづく、異母兄弟の間での事件である。ところが、仁徳天皇の皇子たちの場合は、同母兄弟であった。

いずれにしても、兄弟間の争いは少なからずみられる。その主因となる古代の慣習について、ここで少しふれておきたい。

それは、とくに皇位継承法についてである。皇位は父から子へという原則が一般には考えられている。子のうちでは長子が優先される。ところが、古代においては父子間の継承よりも兄弟間の継承が多い。というより、兄弟継承ができない情況の場合に、皇位は初めて次の世代、すなわち子の世代に移る。

仁徳天皇の皇子たちの皇位継承法のあとをたどると、仁徳天皇のあとには長子のイザホワケが即位し履中天皇になり、そのあとには弟のミツハノワケの反正《はんぜい》天皇、さらにその後には弟のヲアサズマワクゴノスクネの允恭《いんぎょう》天皇と続いた。兄弟三人が次々と皇位についたわけである。そのあと、皇位は次の世代に移り、允恭天皇の皇子たち二人が兄から弟へというように皇位を継承している。すなわち、安康天皇と弟の雄略天皇である。

といっても、兄弟継承が制度化されていたわけではないので、兄から弟へと皇位が継承されず、兄から子へという父子継承の可能性も少なからずあるところに、皇位をめぐる争いがおこる一因がある。

古代最大の内乱といわれる壬申《じんしん》の乱も、このような皇位継承法に起因していた。すなわち、天智《てんじ》天皇が弟の大海人《おおあま》皇子をいったんは皇太子に定めておきながら、のちに自分の子の大友皇子に皇位を譲ろうとしたことから、大海人皇子が反発し、天智・大友側との争いになった。結果的には大海人皇子が勝って天武《てんむ》天皇として即位するのであるが、天智と大海人は同母の兄弟であったことからすると、壬申の乱は兄弟の関係よりも父子の関係のきずなの強欲さをみせつけられた争いでもあった。

古代の皇位継承をめぐるこのような慣習に、複雑な人間関係がからみ、皇子たちの行動がひき出されてくる。イザホワケ太子とスミノエノナカの不仲。スミノエノナカを抹殺することによって皇位に一歩接近するミツハノワケの兄太子への忠誠。

だまされやすい隼人

スミノエノナカに仕える一人の隼人がいた。名をサシヒレ（刺領巾）という。『日本書紀』に「近習《きんじゅう》」と表記されていることからすると、皇子の身近に仕え、身辺の雑事にあたるいっぽうで、皇子の護衛の任務もあったとみられる。

ヤマト王権に征服された隼人の一部は、服属の証《あかし》として畿内に移住させられていた。一種の人質であろう。その隼人たちの中から選ばれてスミノエノナカの近習になったのがサシヒレであろう。南九州の蛮族とみなされている隼人が天皇家の内部で用いられるというのは、サシヒレに限らず、雄略天皇に仕えた隼人の例もある。
大和の石上の振神宮で兄にその心を疑われたミツハノワケは、難波にひき返すと次兄のスミノエノナカを殺害する計画をめぐらした。そのとき、ミツハノワケの脳裏にひらめいたのはスミノエノナカに仕える近習隼人を利用することであった。
ミツハノワケはひそかに隼人のサシヒレを呼び出した。そして次のように相談をもちかけた。

「若し汝《なれ》、吾が言に従はば、吾れ天皇と為《な》り、汝を大臣に作《な》して、天の下治《し》らしめさむは那何《いかに》ぞ。」

この「汝を大臣に」という夢のような話を、サシヒレは現実の自身と重ね合わせて危惧を感じなかったのであろうか。そして続く。

「然らば汝が王《みこ》を殺せ。」

という、ミツハノワケのことばを不用意に受け入れた。

このとき、ミツハノワケは自分の着ていた錦の布《きぬ》と褌《はかま》を脱いでサシヒレに与えたという。サシヒレはいわれるままにそれをすぐ実行に移した。主人のスミノエノナカが厠《かわや》に入るのを伺い、矛《ほこ》で刺し殺したのである。

かくして、スミノエノナカを殺したミツハノワケは隼人のサシヒレを伴なって大和へ向かった。そして、再び二上山の麓までやってきた。

その途中でミツハノワケは、サシヒレをどのようにとりあつかうかを考えていた。

『古事記』の記述を直訳すると次のようだ。

サシヒレは自分のためには功績があった。しかし、己の主君を殺したことは人の道ではない。といって、その功績に報いぬのは自分がサシヒレを欺したことになる。約束通りに実行すると・・・。

やはり、サシヒレは恐ろしい奴だ。

心中で、このような問答がくり返されていた。その結果、
其の功に報ゆれども、其の正身を滅してむとおもほしき。

と、『古事記』は述べている。ミツハノワケはサシヒレにいった。

「今日は此間《ここ》に留まりて、先ず大臣の位を給ひて、明日《あす》上り幸《い》でまさむ」

そこで、山麓ににわかに仮宮を造り、豊《とよ》の明《あか》りの宴がとり行なわれた。サシヒレには大臣の位が賜与され、役人たちをして拝ませた。隼人のサシヒレは、ついに大臣になったことに歓喜した。

ミツハノワケ皇子が隼人に声をかけた。

「大臣と同じ盞《つき》で酒を飲もう」と。顔が隠れるほどの大鋺《まり》に酒がそそがれ、二人の間に進められた。鋺というのは「椀」ともかき、ワンのことである。水や酒などを入れる器であるが、顔がかくれるほどの大鋺で互いに酒を酌み交わすことは、親愛の情を表すものである。

そこで、大鋺につがれた酒を、まずミツハノワケが飲んだ。そして、隼人のサシヒレに大鋺が渡された。サシヒレは、大臣になった喜びと、皇子と対で酒が飲める感激を顔面に満たせて、大鋺を受けるとその酒を一息に飲み干すように大鋺を顔前で傾け、ついには大鋺で顔を覆った。酒がのどを通る音が聞こえるように見えた。

そのときであった。皇子は敷物の下に隠していた剣を取り出すと、いま酒が流れ落ちているサシヒレののどに力一杯に剣を突き刺した。

サシヒレは後方に転倒した。そして、そのまま動かなくなった。剣はサシヒレののどに突きさったままで、ほとんど垂直に立っていた。のどからはわずかに血がにじんだ。血はのどをおちていた濁酒《にごりざけ》とまじったのか、淡い桜色に見えた。

次の日、ミツハノワケの一行は、何事もなかったように二上山の南の竹内峠を越えると、一気に大和に入り飛鳥へと急いだ。

やがて飛鳥の低い山並みが見え出した。そこまで来て、一行は小休止した。ふり返ると、二上山の雄岳・雌岳の両岳は低い雲にかくれて見えなくなっていた。雨が近い。

そのとき、ミツハノワケは自分がかわいがっていた近習がいないのに気がついた。飛鳥への道を急いでいたため、その近習がどこでいなくなったのかわからなかった。

二上山の方に再び目をやると、その麓からかぼそい煙が立ちのぼっていた。

二章　その二

前篇のスミノエナカツ皇子の近習として仕えた隼人、サシヒレの話は歴史的事実として認められるのであろうか。

結論から述べると、ほぼ事実である。ただし、その細部については造作があり、脚色もあるとみられる。まず気につくことは、五世紀に「隼人」という呼称はなかったはずである。

「隼人」の称を好む風土

隼人は、南部九州の大隅・阿多（のちの薩摩）両地域の住民の呼称として、七世紀後半以後用いられたものである。それもヤマト政権が呼んだものである。したがって、南部九州居住民の自称用語ではない。

「隼人」の称は、後世になって薩摩の武士に用いられることがあるが、その場合は、古代の原義とは異なり、敏捷《びんしょう》・勇猛な武士の別称であり、また男性を指しての称である。

しかし、七世紀後半以後の本来の古代「隼人」は老若・男女、すべての一般住民を指している。このように「隼人」の原義と、それが用いられた時期から考えると、五世紀に隼人が登場するのは時期が合わず、尚早である。

では、なぜそんなことになったのであろうか。それは、この話を載せている『日本書紀』の編纂時に南部九州の居住民を「隼人」と呼んでいたから（『日本書紀』の成立は七二〇年）、その呼称をさかのぼらせて用いたことによるのであろう。サシヒレという人物が、のちの隼人の居住地の出身であったことが、このような齟齬《そご》を生じさせたようである。

じつは、『古事記』（七一二年成立）にも、スミノエナカツ皇子に仕える近習が登場している。そこでも登場人物は「隼人」となっている。ただし、その名はソバカリ

（曽婆訶理）であって、サシヒレ（刺領巾）とは異なっているが、話の内容は大筋では同じであり、大同小異といえる。しいて、人物名だけからいうと、ソバカリのほうが、南部九州人らしい名であろう。その点では、サシヒレの「ヒレ（領巾）」は、後代になって隼人が朝廷の儀式に参列するなどの際、身につける衣装の一部であり、ソバカリよりは都風の感じのする名である。

つぎには、四世紀末から五世紀は「応神王朝」とか「河内王朝」などといわれるように、王権の中心が河内一帯に進出した時期であった。いくつかの巨大古墳が河内に築造されるいっぽうで、その勢力の先端が九州の南部近くまで伸張した時期でもあった。

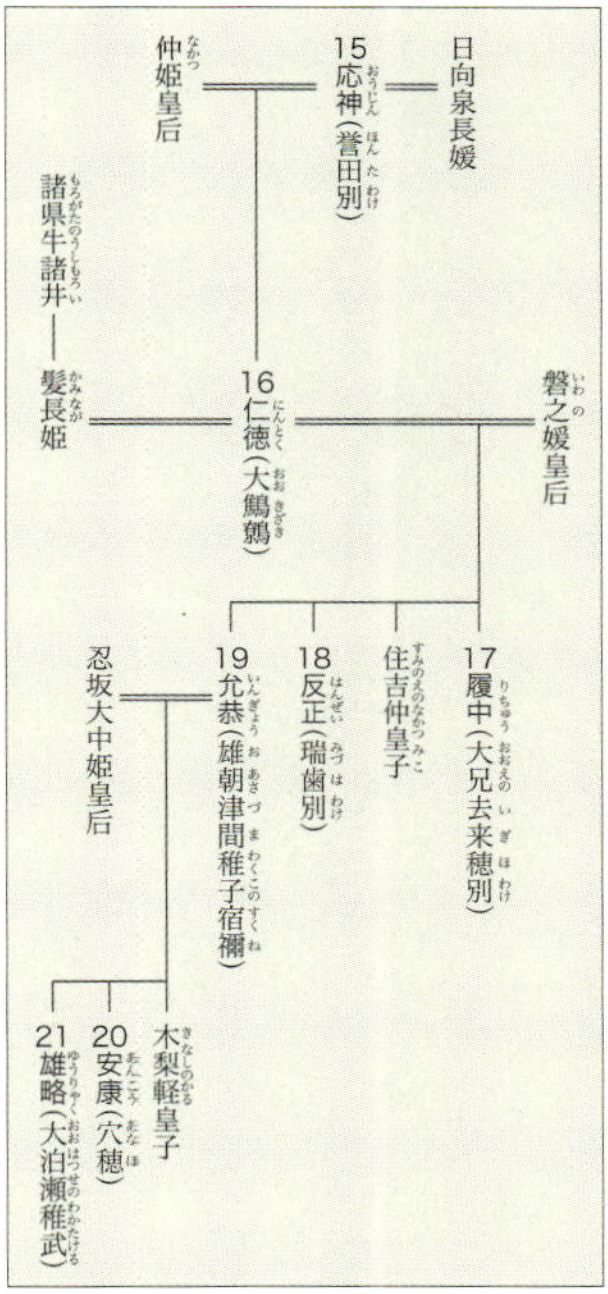

天皇家系図

その結果は、応神天皇の妃の一人は日向泉長媛《ひめ》であり、二人の皇

武人埴輪のスケッチ

子を生んでいる（他に皇女も一人とする伝えもある）。また仁徳天皇の妃の一人は日向の諸県《もろかたの》君牛諸井《きみうしもろい》の娘、髪長媛であった。父の牛諸井も都に移住していて、朝廷に仕えていたとも伝えている。

諸県君は、日向南半で権勢を誇っていた大豪族である。現在の都城市を中心に広大な田畑・山野を領有して一大勢力を築いていたから、河内王朝とも接近し、同盟関係にあったとみられる。日向は九州有数の古墳の分布地であり、その一端は志布志湾沿岸にもおよんでいる。

最近、その沿岸部の中央付近に位置する鹿児島県曽於郡大崎町の神領《じんりょう》一〇号墳（前方後円墳）から冑をかぶった武人埴輪が出土して注目されている（二〇〇六年出土）。発掘された橋本達也さん（鹿児島大学）によると、五世紀前半代の遺物で、全国的にもこの時期の人物埴輪は類例が少なく、貴重な資料とのことである。

『古事記』や『日本書紀』に記述されている近習隼人の登場時期と武人埴輪の時

期は、ほぼ一致しているから、筆者は、つい埴輪に見入ってしまった。近習隼人と一六〇〇年近くを隔てて対面した思いであった。

そのいっぽうで、顔立ちや鼻筋が通っているところは、あまりに「よかにせ（好男）」で、南部九州の一般的男性の容貌とは違っても見えるが、個人差があるので、一概にはいえないであろう。

ワカタケル大王と隼人

ところで、河内王朝の時期は国際的対外関係が活発な時期でもあった。当時の国際関係は朝鮮半島や中国大陸を主としている。河内王朝が瀬戸内沿岸や九州に勢力を伸張させた一因は、そのような外交関係をめざしていたから、その足下を固める必要もあったのであろう。

中国の歴史書『宋書《そうじょ》』の倭国伝には、南朝の宋（四二〇〜四七九）に朝貢した「倭の五王」のことが記されている。五王とは倭国《わこく》（日本の古名）の五人の天皇のことで、讃《さん》・珍《ちん》・済《せい》・興《こう》・武《ぶ》と表記されている。このうち、済は允恭《いんぎょう》天皇、興は安康《あんこう》天

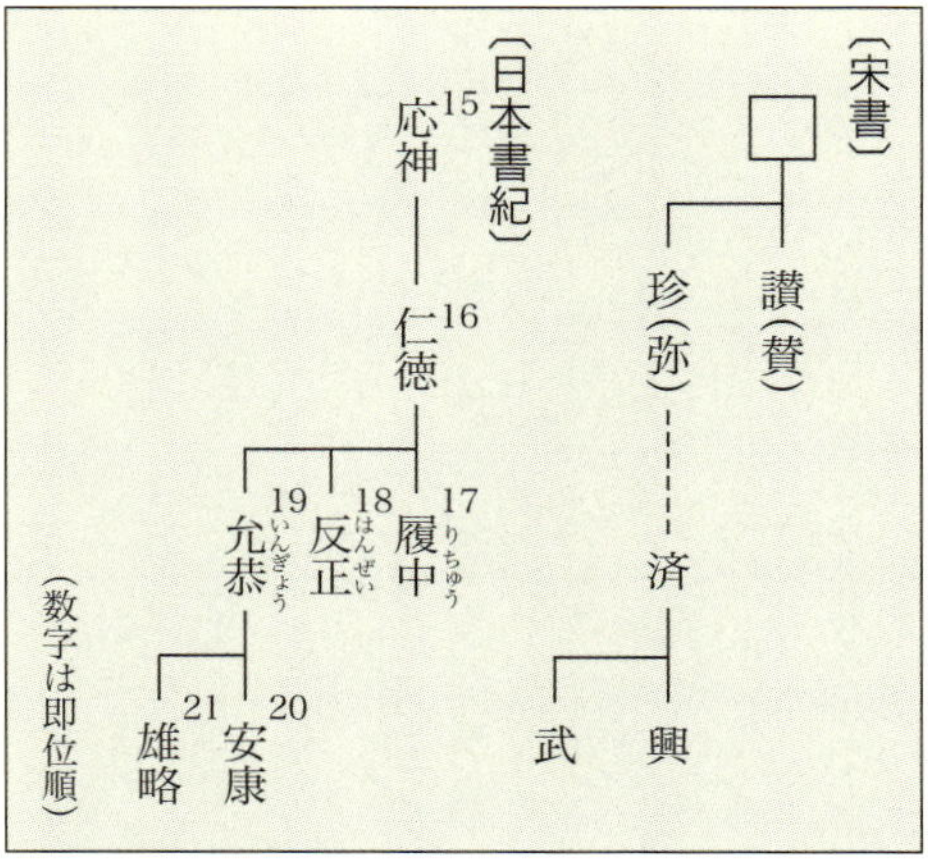

倭の五王の系譜関係

皇、武は雄略《ゆうりゃく》天皇のことと認められるが、讃については、応神・仁徳・履中《りちゅう》の三天皇のうちに、珍については仁徳・反正《はんぜい》の二天皇のうちにそれぞれあてはめようとする諸説があって一定していない。

『宋書』の五王の記事と、『古事記』『日本書紀』の天皇の事績などの記事を対応して、五王がそれぞれどの天皇に該当するかを比定してみるのであるが、『宋書』には五王の系譜関係を記した部分があるので、その対応を記紀(『古事記』と『日本書紀』)の叙述に合わせてみるのも、一つの方法である。その対応を図示したものをかかげてみた。

また、五王のなかで「武」と表記されている雄略天皇の事績の一部を『宋書』の記事から抜き書きしてみると、つぎのようである(原漢文を訓読文にした)。

順帝の昇明二年、使を遣はして上表して曰《いわ》く、「封国は偏遠《へんえん》にして藩を外に作《な》す。昔より祖禰《そでい》躬《みずか》ら甲冑を擐《つらぬ》き、山川を跋渉《ばっしょう》し、寧処《ねいしょ》に遑《いとま》あらず。東は毛人《もうじん》を征すること五十五国、西は衆夷《しゅうい》を服すること六十六国、渡りて海北を平ぐること九十五国。王道融泰《ゆうたい》にして、土を廓《ひら》き畿を遐《はるか》にす。（中略）」と。詔して武を使持節都督倭・新羅・任那・加羅・秦韓・慕韓六国諸軍事・安東大将軍・倭王に叙す。

この文によると、宋の順帝の昇明二年（四七八）に倭王の武は使者を遣わして上申している。そこで、雄略天皇は自分の父祖が日本列島の東（毛人）で五十五国、西（衆夷）で六十六国、さらに海を渡って朝鮮半島（海北）で九十五国を征服し、自分もそれを継いで統治していることを述べ、それにふさわしい称号を賜わるように願い出て、ほぼそれに対応した「安東大将軍・倭王」の称号で叙せられている。

この上申書の内容を、そのまま事実とはできないにしても、四世紀末から五世紀にかけての河内王朝の時期に政権による統一事業がかなり進行したことは推測できる。

『宋書』が雄略天皇を「武」としているのは、天皇の生前の名である「大泊瀬幼《おおはつせわか》(稚)武《たける》」の一字をとったとみられ、「ワカタケル」の名が刻まれた刀剣が九州・関東から出土していることとも相俟《あいま》って、文献との対応が注目されよう。

江田船山《えたふなやま》古墳(熊本県)から出土した鉄刀には「天《あめ》の下治《したしろ》しめすワカタケル大王の世」と読める文頭以下の文字が刻まれていた。いっぽう、稲荷山古墳(埼玉県)から出土した鉄剣には「辛亥《しんがい》年(四七一)」「ワカタケル大王、斯鬼宮《しきのみや》・・・」など一一五文字が刻まれていた。

これらの出土資料からしても、五世紀後半の雄略天皇の頃には関東から九州にわたって政権の勢力が浸透しつつあったことがうかがえよう。

その雄略天皇にも近習隼人が仕えていたのである。

雄略天皇が亡くなったとき、『日本書紀』には次のような記事がある。

時に隼人、昼夜陵の側《ほとり》に哀号《おら》ぶ。食を与えども喫《くら》はず。七日にして死ぬ。有司《つかさ》、墓を陵の北に造りて、礼をもって葬す。

この記事によると、隼人は雄略天皇の御陵の傍で昼夜七日間もその死を悲しんだという。「哀号」という表現には、ことさら隼人の泣き叫ぶ様があわれにうかびあがってくる。それほどにこの隼人は雄略天皇の身近に仕えていたのであろう。

雄略天皇の陵墓は大阪府羽曳野《はびきの》市の丹比高鷲原陵《たじひたかわしはら》とされている。かつて、その陵墓の北部を訪ねて隼人の墓を探しまわった。ようやく見つけた。そこは宅地に囲まれた小丘であった。一応は保護されており、周囲は金網の柵がめぐらされていた。金網ごしにのぞいて見ると、藪《やぶ》の中に石柱が立っているらしいので、目を凝《こ》らして石柱表面の文字を読みとると、やっと「隼人」の二字があることが判った。その上下にも文字があるようだが、判読困難な状況であった。

ハヤトは「歯痛」の神様

その後、この一帯には異変が起こっていた。羽曳野市とその周辺には、古代の遺跡や寺社が多いので、筆者はときに史跡を探訪していたが、ある時ついでに隼人の墓を再訪してみた。

ところが、一帯は住宅がつぎつぎに建てられ、隼人の墓は消えていたのである。なぜ消えたのか、と狐につままれた感じであったが、付近を散歩していた老婆にたずねて、その話を聞いているうちに、少しずつようすがわかってきた。老婆の話によると、近くの家の裏に塚があり、そこには「歯の神様」が祭られているという。

そして、老婆はその場所の近くまで案内して、この奥だと指さした。しかし、指さした先に行く道はなく、宅地の一部を通らなければならなかった。そこを何とか通り抜けて「歯の神様」といわれている塚の前に出てみると、そこは以前に訪ねた隼人の墓であった。

塚の周囲は人家が建て込んだため、墓はその中に埋没していたのであった。また、住民からの苦情でもあったのか、塚の薮は切り払われて、墓石は露出して、大きな樹木だけが残っていた。そのお陰で、墓石の文字「忠臣　隼人之墓」がはっきり読める。一時は、その所在にとまどったが、意外な収穫であった。

ところで、なぜ墓が「歯の神様」になったのか。塚の前には、その塚の由来・歴史などを説明した案内板などがないので、住民にもナゾの存在であったようである。筆者が元の道に戻ってくると、案内してくれた老婆は待っていたようすで、塚について語り継いだ。

それによると、塚は歯痛の神様として住民には信じられており、よく効《き》くので少し離れた所からも拝みにくるということであった。

ようやく見つけた「忠臣隼人之墓」

思うに、「ハヤト」がいつの間にか「ハイタ」になり、「歯痛《はいた》」につながったのであろう。伝承は、ときにこのように曲解され伝えられてしまうのだ、という好例を実感したしだいであった。

もう一つ学んだことを、書き添えておきたい。それは、『日本書紀』の雄略天皇が亡くなったときの記事に、隼人が悲しんで「おらぶ」とあることである。漢字では「哀号」と表記してあったものを訓読したものであった。

この表記や訓読に、筆者は特別な感じをもたなかったが、全国各地から大学に来ている友人たちのなかには、「おらぶ」という訓読の意味が理解できない者がいて、少々おどろかされた。「おらぶ」は、いまでも鹿児島では使われており、まさに「哀号」で、悲しくさけぶの意である。

念のため『広辞苑』で調べると、「泣きさけぶ」とある。したがって。共通語として通っているのである。ただし、同書の見出しには「おらぶ〔叫ぶ〕」とあり、「叫ぶ」という漢字をあてはめられると、少し意味の違いを感じる。

なお、古語としての「おらぶ」は『万葉集』にもある（巻九―一八〇九）。高橋連蟲麿の長歌の一部に、

天仰ぎ　叫びおらび　足ずりし

とあるが、「おらび」には万葉仮名で「於良妣」とある。

ここで、南部九州の有力豪族にヤマト王権から与えられていた姓《かばね》について考えてみたい。ヤマト王権は、中央豪族には臣《おみ》・連《むらじ》などの姓を、地方豪族には君《きみ》・直《あたえ》・造《みやつこ》・首《おびと》など、渡来人には忌寸《いみき》・史《ふひと》・村主《すぐり》などを与えていた。このように姓によってその豪族

（氏《うじ》）の出自がほぼわかるが、そのほかに氏の職業が姓によってわかるものもある。中央豪族では連がそれで、大伴・物部《もののべ》などの氏族は王権の軍事を担当し、中臣・忌部《いんべ》氏などは祭祀《さいし》を担当し、いずれも連姓であった。

地方豪族では君（のちの表記は公《きみ》）が多いが、ときに直姓もあり、大化前代の国造《くにのみやつこ》の系譜をひくとされている。国造は、その後は律令制下の郡司に任用される場合が多いことなどから、ヤマト王権とのつながりが強い傾向がある。

南部九州の豪族（氏）でみると、のちの大隅国の地域では北部に曽於君、南部に大隅直が勢力を張り、薩摩国側では北部に薩摩君、南部には阿多君が勢力を保持していた。これらの姓が南部九州の諸豪族に与えられたのは、おそらく五世紀であろうと推測される。すなわち、河内王朝がこの地域に権勢の先端を伸展させた時期である。

なかでも、大隅南部の大隅直の勢力圏に王権の力が浸透していたため、一族に直姓が授与され、また近習として王権内部に侍《はべ》るようになった、とみられる。この地域では最大級の前方後円墳（唐仁《とうじん》大塚古墳・横瀬古墳など）が大隅直の勢力圏に築造されるようになったのも、直姓の授与と対応しているようである。

このように見てくると、ヤマト王権と大隅直との関係は、ほかの南部九州の諸豪族とは異なる親密度があったようである。それは、後代になって隼人の畿内への集団移住に際しても見ることができる。

七世紀後半の天武朝とその前後に、大隅隼人と阿多隼人を中心に畿内各地への集団移住が行われたのであるが、その移住先を見ると、大隅隼人の移住先はもっとも宮都に近く、また地形的にも恵まれている。周辺は平地も多く、生活しやすい環境である。

また、一族は政権側の信頼も厚かったようで、六八五年には、、畿内在住の諸氏族と共に賜姓にあずかり、「忌寸《いみき》」姓に改められている。南部九州に出自をもつ他の氏族にはみられらない優遇策である。したがって、畿内に移住した大隅直は、以後大隅忌寸となる。また「大隅」から「大住」へと、その表記も改めている。いまも、その移住先の故地は京都府京田辺市大住として残存している。そこは、京都市と奈良市の中間に位置している。

その大住忌寸から、七七五年には隼人正《はやとのかみ》が出ていることも注目される。隼人司《はやとのつかさ》という役所の長官で、隼人の名帳を管理して、畿内隼人の職務遂行を統括する役職である。隼人正になった大住忌寸三行《みゆき》は、隼人の出身で隼人正になった初めての例であり、律令国家の中央機構の官人にまで出世したことになる。

諸県君とプレ隼人

大隅直あるいは大住忌寸の元来の居住地域の「大隅」は、「薩摩」からすると後進的地域とする観念があるようだ。しかし、それは江戸時代の薩摩藩の中心が鶴丸城を中核とした鹿児島にあり、近代になっても県庁所在地が鹿児島市になって存続してきたということによるところが大きい。

その見方は、古代には通用しない。

畿内にあった政権の地から見れば、西海道《さいかいどう》（九州）東岸の諸地域は、瀬戸内海の先に連らなる土地であった。

景行天皇のクマソ征討の際のコースは、古代の南部九州への交通路を想定する場合に示唆を与えてくれる。『日本書紀』に記されているコースをたどると、つぎのようである（いまは、景行天皇およびクマソの実在性については問わない）。

景行天皇の都は大和の纏向《まさむく》・日代宮《ひしろ》にあった。奈良盆地の南東、三輪山《みわやま》の麓である。そこで、クマソが貢物《みつぎ》を献上せず、反抗しているとの報告を受けた天皇は、みずからクマソを討つために西へ筑紫《つくし》（九州）に向って進発した。

二十日の後、周防《すおう》の沙麼《さば》（現、山口県防府市《ほうふ》）に到る。そこから南を望むと、筑紫の国東《くにさき》半島の近くに煙が立つのが見えた。そこで天皇はそこに留まり、使者を遣わして偵察《ていさつ》させた。

その使者たちは、その地の賊を従わしめた。その後天皇は筑紫に渡り、豊前国《ぶぜん》（福岡県東部・大分県北部）の長峡県《ながおのあがた》に到り、行宮《かりのみや》を興《た》てて居た（県とは朝廷の直轄地とされている）。そこを京《みやこ》という（旧、福岡県京都郡《みやこ》）。

現代の感覚では、九州への渡海は山口県下関から福岡県の門司へ、というのが、常識的コースであろうが、九州東岸へ行くには、防府から海路をとるのが近い。地図を開げて確認していただければ納得できるはずである。古代人の考え方には、ときに意外に合理的なところがある。

畿内王権にとって瀬戸内海沿岸部は勢力圏でもあり、畿内の巨大古墳と肩を並べる

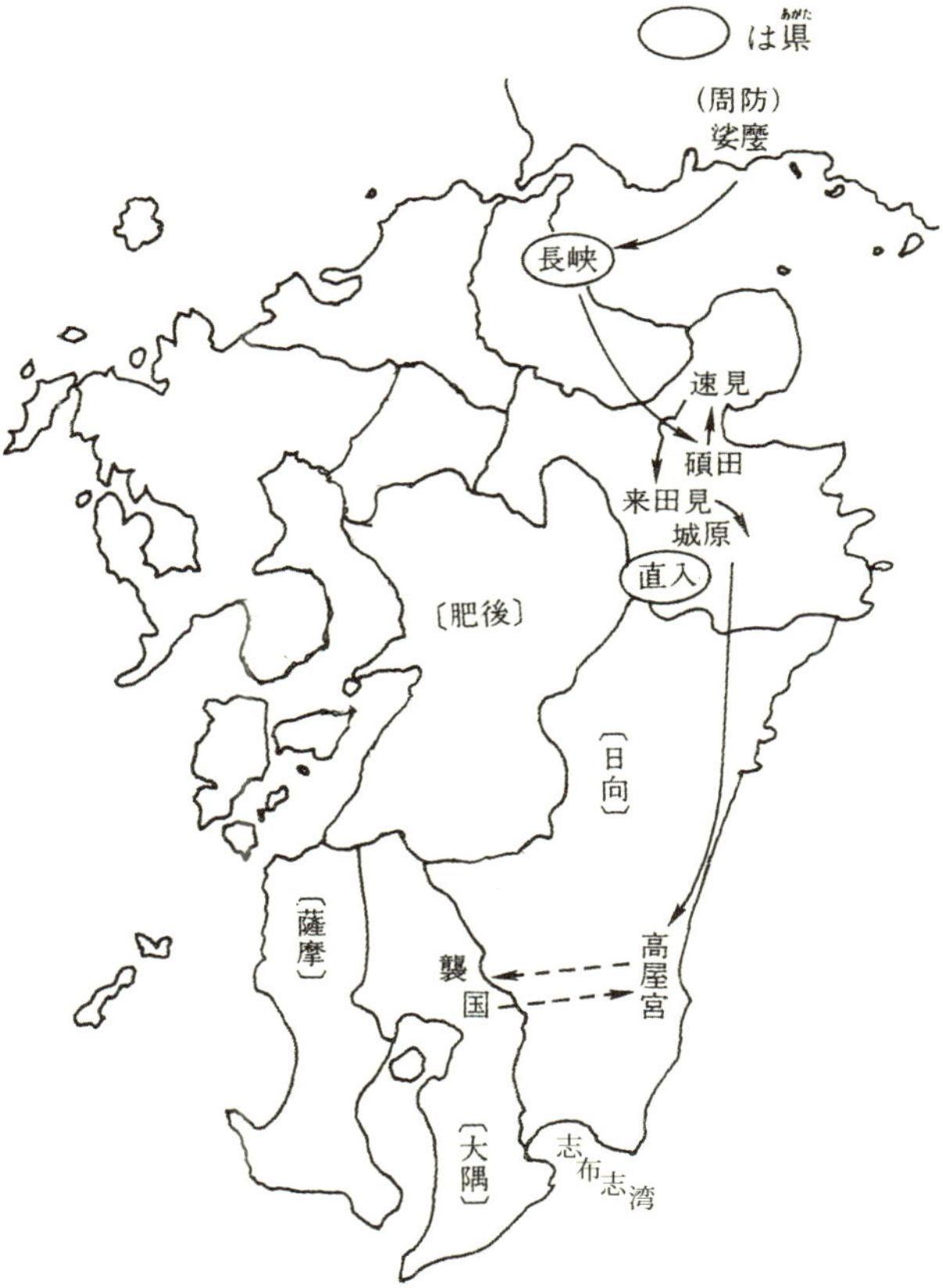

景行天皇の筑紫巡行路（→は路順）

古墳が備中（岡山県）を中心に分布しており、九州でも瀬戸内海に面する豊前には、早い時期に古墳が築造され、いっぽうで仏教文化も浸透し、仏寺が早く建立されていた。王権にとっては、同盟地域の一端でもあった。

景行天皇はその後、碩田《おほきた》（大分）に到り、その周辺で天皇に逆らう「土蜘蛛《つちくも》」といわれる賊を討つなどして、南下して日向に入っている。

日向では高屋宮という行宮《かりみや》を拠点にして、襲《その》国の厚鹿文《あつかや》・迮鹿文《さかや》というクマソを討つ話が展開する。

このような景行天皇の西征コースを概観すると、古代の筑紫に到る一つの道筋が明らかになってくる。また、クマソが日向に隣接していた襲国に盤踞《ばんきょ》していたことから、襲国とは「曽」「曽於」であり、のちの大隅国贈於郡の地域であったことも明らかになってくる。

贈於郡の中心地は霧島山の周辺であり、いまも土地の人びとは霧島山を「襲山《そのやま》」と呼んでいる。そこはまた、隼人最強・最大の豪族、曽君《そのきみ》の勢力拠点であった。

そのいっぽうで、その南に接する志布志湾沿岸部にはヤマト王権の勢力が扶植《ふしょく》されており、古墳が築造されていた。

このようにみてくると、四世紀末から五世紀にかけて河内王権の初期の時期には、中国大陸・朝鮮半島を視野に入れて、西方への勢力伸張をはかり、九州の有力豪族であった諸県君への接近を一段と進行させたようである。

その結果が、諸県君牛諸井の河内王権への出仕であり、髪長姫の仁徳妃の実現であろう。

また、諸県君と同盟関係にあった大隅直一族は近習として王権に出仕することになったものと思われる。従来の王権の形成は、畿内豪族によって支えられることが要件であったが、ここにいたって、地方豪族が王権の構成と発展にかかわることになった、と考えられよう。

したがって、ワカタケル(雄略)大王の時期よりも早い時期に、諸県君や大隅直は

都城市で作られている
髪長姫の像（人形）

王権に出仕していたとみてよいであろう。

最近の、日向あるいは大隅地域の前方後円墳を中心とした古墳時代の研究は、古墳の築造が従来より早い時期に始まったとの報告が相次いでおり、文献の裏付けとなる背景の確証が漸次得られるようになってきている。

三章　その三

モガリの宮を守る隼人

古代では、人が死ぬとすぐには埋葬せず、しばらくは遺体を特定の場所に安置して祭る風習があった。

このような風習をモガリ（殯）といっている。一般庶民の場合は、習俗としては伝えられ、その痕跡が残ることはあっても、その記録が残っていることは稀であろう。三世紀の倭の習俗を伝える『魏志《ぎし》』倭人伝には、人が死ぬと十余日は喪《も》に服し、肉を食せず、喪主は哭泣《こっきゅう》し他人は歌舞飲食し、葬った後に一家は水中で禊《みそぎ》をする、とあるのは、モガリの原初的一例であろう。

　また、『日本書紀』を中心とした歴史書には、主に天皇のモガリが記されており、殯宮《ひんきゅう》儀礼などと称されている。すなわち、天皇崩御後、殯宮が建てられ、殯宮内に皇后・皇太后・皇女などの肉親女性が籠《こも》り、遊部《あそびべ》が奉仕して儀礼が行なわれた。遊部はその祭事で霊の蘇生と鎮魂を祈ることを職としていた。

　いっぽう、殯庭では皇太子以下皇子、有力豪族の氏上《うじのかみ》などが慟哭《どうこく》し、誄《しのびごと》（誄辞《るいじ》・弔《ちょう》辞《じ》）を述べる儀礼が、くり返し行なわれた。この殯庭儀礼では、ときに次代の皇位をめぐる対立や、豪族たちの政争が浮上、露呈されることがある。その一部は、あとで述べることにしたい。

　モガリ（殯）の期間は短くて数カ月、長いときは数年、あるいは五年以上にもおよぶことがある（敏達《びだつ》天皇は五年八か月、斉明《さいめい》天皇は五年三か月）。その期間の長短は、陵墓の築造期間に対応するのでもあろうが、先述した皇位継承や政争も影響しているとみられる。

　王家の殯宮との類似で、小規模な構造の送葬習俗は各地に残存していた。伊豆諸島・南西諸島あるいは対馬などでモヤ（喪屋の意か）・イミヤ（忌屋の意か）などと呼び、墓地に屋形状の小屋を造り、ときにその中に近親者が籠る場合もあるという。

南西諸島では、鹿児島県沖永良部島でモーヤという小屋に棺を置いて、親子・兄弟が数日間そこで時々棺を開けて死体を見たりする。また、沖縄県津堅島では薮の中に風葬したのち、遺族や親戚が毎日訪れて死者の顔をのぞき、死者が若者であれば、生前の遊び仲間の青年男女が酒肴や楽器を持って訪れ、顔をのぞいた後で、歌い踊って慰めたという。さらに、奄美大島では石囲いの古墓をモーヤ・ムヤなどという所があるが、これらもかつてはモガリのような習俗があって、その痕跡と推定されるという。

伊豆諸島では、イミヤ（神津島《こうづ》）・イミカド（三宅島）・カドヤ（新島）などと称する仮屋を寺の境内や、村から離れた山間に作って、死者の子息が二十五日から数ヵ月籠る習俗が、近年まで残っていたという。

モガリあるいは類似の行為・行動は、上は支配者層から民衆にいたるまで、またその地域的広がりもあって、日本列島に住む人びとの、死に対する基層観念の、ある部分を垣間見せているようである。

死者を生者の世界から遠ざけ、隠してしまおうとする思考や、死を穢《けが》れとする見方、畏怖《いふ》の対象とする感覚があるいっぽうで、死者を悼《いた》み、遺骸を離れず、長期にわたって死者と生活を共にしたいという強い願望が共存しているのである。

神話で、イザナキが亡くなった妻のイザナミをたずねて黄泉国《よみのくに》に行き、妻の死体にウジがたかり、雷《いかづち》が死体の各部分に巣くっているさまを見て、驚愕《きょうがく》し逃げ還るようすが語られている。これもモガリの様相を伝えているようである。

遺体を長期間安置すると、腐敗し、蛆虫《うじ》がわき、異臭が立ち込めてくることは想像に難くない。そして、やがては白骨化が進んでくるであろう。そのなりゆきを熟視することで、人びとは死を受け入れ、納得するのであろうか。

かつて、脳死状態での臓器摘出の議論がさかんであったとき、日本人の一部がそれに強く反対する動きを見て、筆者はモガリの習俗が日本人の感覚の基底にいまも伝存している、と思ったことがあった。生きている人体の臓器提供など、論外であったのであろう。

蘇我馬子と物部守屋の反目

さて、王家の殯宮儀礼にもどろう。

殯宮儀礼の場が、政争露呈の場になった一例をあげてみよう。六世紀の末に敏達天皇が崩御（五八五年八月）、広瀬（現、奈良県北葛城郡）で殯宮が営まれた。そのときの大臣《おおおみ》は蘇我馬子《そがのうまこ》であり、大連《おおむらじ》は物部守屋《もののべのもりや》であった。大臣・大連は天皇の下にあって最高の地位を占めていた。いわば二人制の首相のごとき存在であった。

蘇我馬子の墓といわれる石舞台古墳

　この二人が並んで誄《しのびごと》を述べることになった。二人は、しばらく前から仏教の受容をめぐって対立していた。蘇我氏は五三八年（五五二年説もあり）に百済の聖明王から仏教が伝えられると、馬子の父稲目《いなめ》が崇仏《すうぶつ》の態度を示し、物部尾輿《おこし》らの排仏派と対立したが、それが相互に子の世代にまで引き継がれて争っていた。

父から子へと二代にわたる争いであったから、その対立には根深いものがあり、争いを引き継いだ両人が、並んで誄を述べようとしていたのであったから、緊張はおのずから高まっていた。

殯庭で誄を述べる二人のようすを『日本書紀』は、つぎのように伝えている。まず、馬子大臣が大刀をつけて誄をすると、守屋大連はあざ笑って「まるで猟箭《ししや》(猟に用いる長い矢)で射られた雀のようだ」といった。つぎに大連が手足をふるわせながら誄すると、大臣が笑って「鈴をつけたらよく鳴るだろう」といった。これによって、二人はいよいよ怨恨《えんこん》をいだくようになった。

いっぽう、王家の忠臣三輪君逆《みわのきみさかう》は、隼人に命じて殯の場所を守衛させた。また、穴穂部皇子《あなほべのみこ》(欽明天皇の皇子の一人で、皇位継承権を有する)は、異母兄弟の敏達天皇の殯宮儀礼がつづくので、「どうして死んでしまった王《きみ》のもとに奉仕して、生きている王(自分)のもとに仕えようとしないのか」と高言して、忿懣《ふんまん》をぶちまけた。

殯宮儀礼の場は、このように政争の場にもなり、次代の皇位をめぐる争いの場にもなっていた。そのような場にも隼人はかかわっていたのであった。

皇位は、敏達天皇が亡くなった翌月に、異母兄弟の用明天皇が継ぐことになり、即位した。しかし、その後も穴穂部皇子の不満はおさまらず、翌五八六年の五月に、皇子は炊屋姫《かしきやひめ》皇后を奸《おか》そうとして、むりやりに殯宮に押し入ろうとした。そこでも寵臣《ちょうしん》の三輪君逆は、兵衛《ひょうえ》を召集して宮門をとざし、守りを固めて入るのを拒《こば》んだ。

兵衛は、のちの令制による官司（兵衛府）であり、宮門を守る役目をもっていたので、ここではその用語を時期をさかのぼらせて用いたのであろうが、その実態はさきの隼人と同義であろうと思われる。ただ、隼人が単独でその役目を負うことはできないので、個人的な近習よりはしだいに組織的守護役に発展していたことは認められるであろう。

隼人は早く五世紀には、王家あるいはその親族に深く仕えるようになっていたが、それから一五〇年以上経た敏達朝前後になっても、その伝統は継続しており、天皇の遺骸が安置されている殯宮を守る役割を果たしていたのである。

このような王家と隼人との関係をみると、日向神話の、天皇家の祖に服従と守護の奉仕を誓った隼人の姿が二重映しになって想起されよう。

『古事記』や『日本書紀』におさめられた神話によると、天皇家と隼人の関係は次のように、それなりの論理を通した関係で物語られる。

すなわち、海幸、山幸神話において、兄の海幸彦は隼人の祖として、また弟の山幸彦は皇祖として語られ、釣針を失くした弟を責めた兄は、のちに弟が海神から授けられた潮盈珠《みつ》・潮乾珠《ふる》によって懲《こ》らしめられたとき、「僕《あ》は今より以後《のち》は、汝命の昼夜の守護人と為《な》りて仕え奉らむ」といったという。

この神話は、隼人が天皇家に仕える事実をふまえて、その由来を説明しようとしたのであるが、隼人の祖と皇祖を兄弟とまで近接させた関係で結びつけた背景には種々の憶測が生まれるであろう。

『古事記』も『日本書紀』も八世紀初めに成立しているが、そこで語られる神話、とりわけ隼人が天皇家に仕えるようになった由来を語る神話の背景は、五世紀以来の隼人の奉仕の姿にある、ということができよう。

王族と大富豪のかけひき

ところで、殯宮儀礼の途上で起こった蘇我氏と物部氏の対立の激化は、その後どうなったのであろうか。また、穴穂部皇子や三輪逆はどうなったのであろうか。その後のなりゆきと、その結末を見とどけておきたい。

炊屋姫皇后が殯宮に籠り、儀礼を行なっているところに強引に入ろうとして拒まれた穴穂部皇子は、門を固めている三輪逆に、「門をあけろ」と呼ばわった。七回も。それでも三輪逆はそれに応じなかった。

そこで皇子は、大臣の蘇我馬子と大連の物部守屋に、三輪逆の無礼を告げ、自分は殯宮で誄をして、「朝廷を荒さず、鏡の面のように浄《きよ》らかに保って、奉仕するつもりだ」といい、「逆を断ってしまいたい」とも告げた。大臣・大連の二人は、「まことに、ごもっともです」と答えた。

あくまでも皇子は皇位につくことをねらい、逆を殺すことを口実に、守屋大連とともに軍兵をひきいて、磐余《いわれ》の皇后の地を囲んだ。逆はこの動きを察知して、三輪山に身を隠し、夜半になって、ひそかに山を出て炊屋姫皇后の後宮《こうきゅう》（海石榴市宮《つばきいちのみや》）に隠れた。

しかし、逆の居場所を密告する者がおり、大連は軍兵をさし向け、逆を斬った。馬子大臣はそれを知って悲しみ、「天下の乱れるのも遠くはあるまい」と歎いた。

用明天皇の二年（五八七）、いよいよ決着をつける時がきた。この年、病に悩んだ天皇は仏教に帰依《きえ》（すがること）せんことを群臣たちにはかった。

これに物部守屋大連と、朝廷の祭祀を司どる中臣勝海《かつみ》が反対した。崇仏派の中心、蘇我馬子とそれに従う鞍部多須奈《くらべのたすな》（渡来人で仏教の信奉者司馬達等《しばたっと》の子。鞍作止利《くらつくりのとり》の父でもある）などは賛成した。大連と大臣はそれぞれ兵を集め、両者の対立は激しくなった。その間に、中臣勝海は殺され、天皇は死没した。

大臣の馬子は、皇后（のちの推古天皇）を奉じて穴穂部皇子を殺す。ついで馬子は泊瀬部皇子《はつせべ》（次代の崇峻天皇《すしゅん》）・厩戸皇子《うまやど》（用明天皇の子、のち聖徳太子と呼ばれる）らとともに、物部守屋大連を滅ぼすことを実行した。

以後、大臣・大連の二頭体制は崩れ、大臣だけの専制政体が長期にわたって持続されることになった。大臣の馬子は用明天皇のあとの崇峻天皇を殺害させて、そのあとに最初の女帝となる推古を即位させ、女帝は三十六年にわたって在位することになった。

その間に、厩戸皇子が摂政をつとめているが、皇子は馬子からすると孫の世代であり、また皇子の父（用明天皇）・母（穴穂部間人皇后《あなほべのはしひと》）はともに蘇我系の血を引いていたから、皇子の業績とされる諸事業の影には、馬子の姿が見え隠れしている。ちなみに、推古天皇は馬子の姪《めい》であったから、背に叔父の圧力を常に感じながらの在位ではなかったか、との想像も可能であろう。

一夫多妻は多災のもと

ここで、あらためて古代の皇位継承について考えてみたい。すでに見てきたように、皇位は父子継承の場合もあったが、兄弟継承の場合が目につく。五世紀の履中《りちゅう》・反正《はんぜい》・允恭《いんぎょう》の例や、それに続く安康《あんこう》・雄略《ゆうりゃく》の例があった。六世紀はどうであろうか。じつは六世紀でも兄弟継承は行われていたのである。

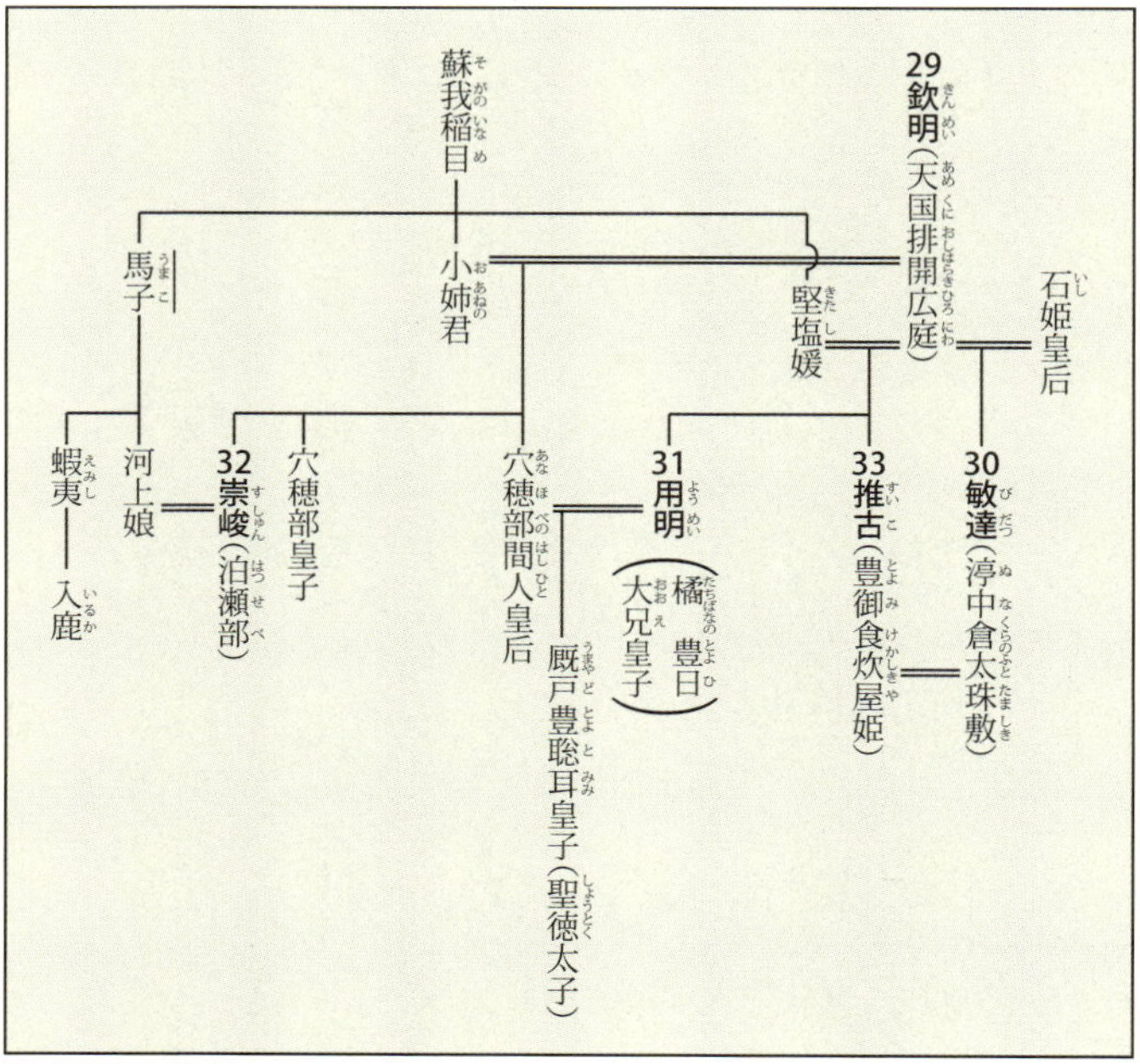

天皇系図（六世紀末〜七世紀初）

ただ、異母兄弟間の継承であったから、五世紀の場合よりはやゝ複雑である。一夫多妻の婚姻では、異母兄弟が多いから、その間の継承があっても当然でもあろう。しかし、異母兄弟間の皇位をめぐる対立・争いは、それぞれの母の背後勢力間の抗争もあいまって、複雑である。六世紀末から七世紀にかけて、欽明《きんめい》天皇の異母兄弟たち、敏《び》達《だつ》・用明《ようめい》・崇峻《すしゅん》・推古《すいこ》の四代が続いている、その間には、先に述べた穴穂部皇子の皇位をねらう事件があり、崇峻が暗殺される事件も起こった。さらには、最初の女帝推古も即位している。

そして、さらにつぎの世代を見ると、そこにひとつの傾向があることが読みとれる。それは天皇の母が皇女の場合と、豪族（蘇我氏など）の娘である場合の違いである。前者の場合は次世代への皇位継承はあっても、後者の場合では継承が見られないことである。といっても、それは偶然の重なりともいえるので、あくまでも「傾向」ほどのことであって、「原則」とまではいえないであろう。

七世紀の前半最終期には、「大化の改新」と呼ばれる政治改革がスタートする。その発端となったのが、六四五年の乙巳《いっし》の変である。中大兄《なかのおおえ》皇子・中臣鎌足《なかとみのかまたり》らによって蘇我本家の蝦夷《えみし》・入鹿《いるか》父子が滅ぼされた事件である。

よく知られた事件である。いまは中大兄という、その名の「大兄」に注目したい。大兄は長男の意であるが、皇子であれば皇位継承権をもつ皇太子の意でもある。ところが、一夫多妻の場合は、大兄は複数いることがあり、問題が生じやすい。

中大兄皇子は舒明《じょめい》天皇の子であるが、同じ天皇の子で、母親違いの古人《ふるひと》大兄皇子がいた。中大兄より年上であった。舒明天皇のあと、皇后が即位して皇極天皇になっていたが、その後継をめぐって二人の大兄の間では暗黙の対立が生じていた。

その間に、古人大兄は身の危険を察知していた。古人大兄は舒明天皇の皇子ではあったが、母の法提郎女《ほてのいらつめ》は蘇我馬子の娘であり、蝦夷とは兄妹であった。そこで、古人大兄は出家を決意して、仏道修行のため吉野に入った。しかし、中大兄は周辺から、古人大兄が謀反《むほん》したことを知らされ、刺客《しかく》を送り込んで殺害させてしまった。

皇位の兄弟継承の順位を定めた形の「大兄」の出現であったが、異母兄弟間では母の出自の優位性や、時の政局の動向などがからみ合って皇位継承は揺れ動いた。中大兄や弟の大海人《おおあま》は父（舒明）に次いで母（皇極）も天皇であったから、系統的には皇位につくのは当然のようであるが、次代の天皇には叔父にあたる孝徳天皇がつき、中大兄は皇太子となって、一応の決着となった。

このような政争や対立の間に、皇子たちの近習や護衛の役割をつとめてきた隼人の後裔《こうえい》たちは、どうしていたのであろうか。

『日本書紀』は、そのことについては黙して何も語っていない。おそらく、どこかで下働きをさせられていたはずである。これまでの隼人の動向からすると、政権主導者たちのごく周辺で、命じられるままにその職務をつとめていたと推測されるが、史書編纂者にとっては、歴史の激動に目を奪われて、瑣末《さまつ》な事にこだわる余裕はなかったのであろう。

それでも『日本書紀』の編纂者は、隼人の忠実な職務遂行を、「諸《もろもろ》の隼人等《たち》、今に至るまでに天皇の宮墻《みかき》の傍を離れずして、代《よよ》に吠《ほ》ゆる狗《いぬ》して奉事《つかえまつ》る者なり」と評している。

内憂外患の七世紀

改新の事業は、朝鮮半島への出兵、白村江《はくそんこう》での敗戦、皇位継承をめぐっての壬申《じんしん》の乱などで停滞しつつあったが、その後に即位した天武天皇によって大いに進められた。それはまた、持統天皇にも引き継がれた。その結果は隼人社会へも変動をもたらした。

じつは、「隼人」の呼称は、この時期から用いられたとみられ、これまで使ってきた用語は遡及《そきゅう》的に借用したもので、『古事記』『日本書紀』の用例に従ったまでである。いわば「プレ隼人」とでも呼んだほうが、当っていたのであろう。

そのプレ隼人も、時代区分ができそうである。まず、五世紀の近習隼人の時代で、住吉仲皇子や雄略天皇に仕えていた。『日本書紀』によると、日向の諸県君《もろかたのきみ》が仁徳天皇とその前代に妃を朝廷に入れているので、その勢力を背景に志布志湾沿岸部から上京して仕えるようになったのであろう、と推定される。

つぎの段階は六世紀末から七世紀初めにかけての時代で、隼人は「兵衛」に擬せられていた。兵衛府はのちの宮門警備などをつとめる官司であり、組織的な機構である。したがって、その表記が用いられているところからすると、五世紀段階の近習よりは、組織的に発展して仕えていたのだろう。殯宮の守衛もそう推定することによって可能になろう。

このようなプレ隼人の時代を経て、天武朝からの「隼人」の時代を迎える。政権は領域拡大をめざして、南部九州への侵攻に力を注いだ。しかし、南部九州の中心部の攻略は、なかなか進まなかった。とりわけ、志布志湾沿岸部から肝属川を遡上して北進する戦略は、途中から曽君勢力に拒まれ難航した。

いっぽうの九州西岸から、川内川を遡上する攻略は薩摩君に拒まれたが、この地域の北部には、すでに肥後の勢力が進出しており、その肥後勢力と政権は同盟を結ぶ計画が進められていた。

そこで、大隅・薩摩両半島部への侵攻を先行させ、両地域を、まず勢力下に置き、朝貢と住民移住を強行したのであった。

その結果が『日本書紀』の六八二年七月に記されている。

隼人が数多く来て方物《くにつもの》（土地の産物）をたてまつった。同日、大隅隼人と阿多隼人が朝廷で相撲をとり、大隅隼人が勝った。

隼人の朝貢はここに始まり、以後八世紀の終りまで続く。なお、相撲は服属儀礼の一種とみられる。

いっぽうで、隼人の畿内移住も集団的に進められ、畿内各地にその痕跡が残されている。また、六八五年六月には大倭連《やまとのむらじ》など十一氏に「忌寸《いみき》」姓が授けられ、大隅直氏もその中に入っている。前年十月に定められた八色《やくさ》の姓《かばね》のうちの四番目の姓であるが、直姓は大隅のみで他の十氏は連姓である。全体的には畿内で国造《くにのみやつこ》などをつとめた氏が多く、それなりの来歴をもつ氏であり、大隅直は異色である。したがって、この賜姓に与った大隅直は、プレ隼人の系譜をもつ一族の可能性が大きい。

六八六年九月には天武天皇が没し、以後二年二ヵ月にわたって皇后を中心に殯宮の儀礼が行われる。このときの殯庭で天武の皇子の一人、大津《おおつ》皇子が皇太子（草壁《くさかべ》皇子）に謀反を企てたという。皇位継承をめぐる一例ではあるが、大津皇子は「容姿たくましく」「学才にすぐれ、文筆を愛した」人物で、人望を集めていただけに、死を賜わったことに対しては、計略にはめられたとの声もあった。

翌年五月の殯庭では、皇太子が公卿・官人たちを従え発哀した。このとき、大隅・阿多の隼人の首領（魁帥《ひとごのかみ》）がそれぞれ配下の人びとを従え、互いに進み出て誄《しのびごと》をした。

ここでは、畿内に移住した隼人が、天武天皇の後継となる皇后（持統）と皇太子に対して、忠実なる服属者になることを誓ったのであった。

第二部　神武天皇の復活篇

四章　その一

多忙な神武天皇

「神武天皇御駐蹕傳説地谿山」、このような文が刻まれた石碑が、鹿児島市南部の永田川河口近くの柏原《かしわばら》神社の境内に建てられている。

神武天皇がこの地で乗物をとどめられた（駐蹕《ちゅうひつ》）、その伝承がある場所だというのである。

「谿山」は、谷山のことであり、古代から谿山郡の郡名表記に用いられていた。石碑表面には「昭和十五年　秋」「鹿児島縣知事指定」と右・左に刻まれている。

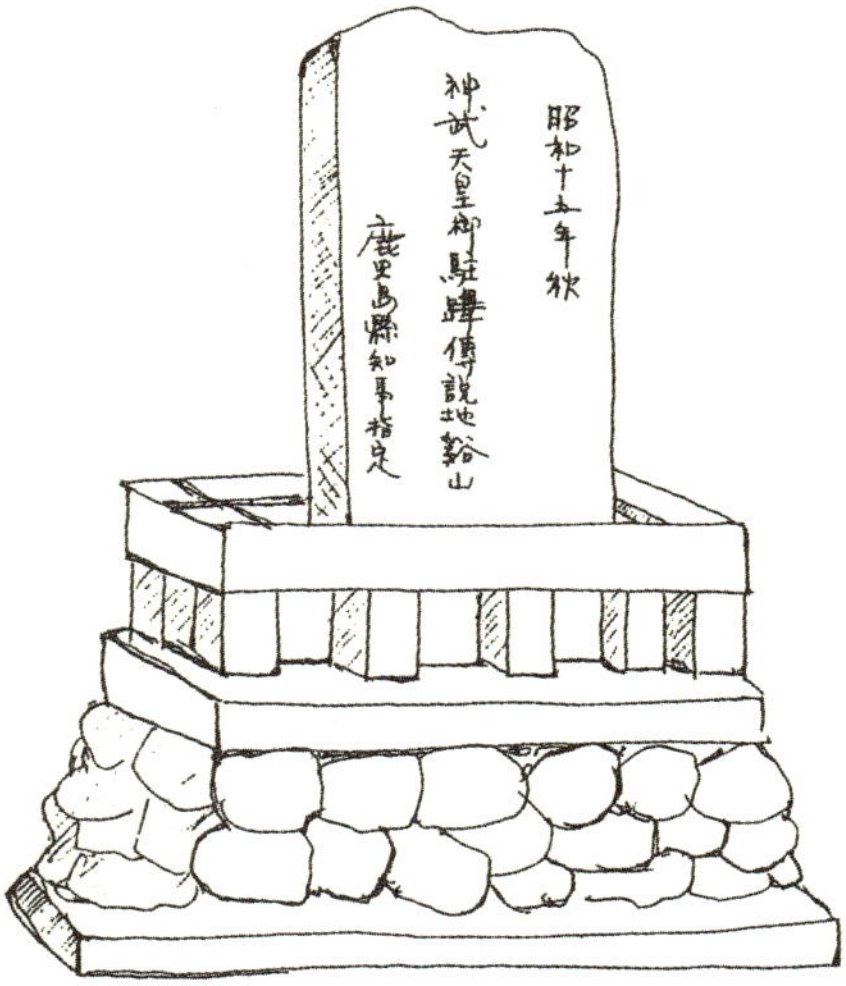

木原三郎著『谷山の碑文集』より

また、裏面には「神武天皇高千穂宮に在り皇妃吾平津媛の生地吾《あ》田《た》ノ地ニ幸シ屢々《しばしば》此ノ処ニ駐《とど》マリ給フ（下略）」などと刻まれ、紀元二千六百年（昭和十五年）に当り、社殿を改築し、この石碑を建てた、とその由来を述べている。

『日本書紀』などの記すところに依れば、神武天皇の妃の一人は「日向国の吾田（阿多）邑《むら》の吾《あ》平《ひら》津《つ》媛《ひめ》」となっているので、現在の霧島市にあったという高千穂宮から妃のいる阿多（現在の南さつま市。古くは日向国に属していた）を訪ねていたのであろう。その途次に谷山に立ち寄られたというのである。

神武天皇は、日向で生まれ、大和に東遷して畝傍山《うねびやま》の麓の橿原《かしはら》の地で第一代の天皇として即位されたことなっている。その即位の地に橿原神宮（奈良県橿原市）が建てられている。また、志布志湾に流入する肝属川の河口近くの柏原《かしわばる》（波見《はみ》の対岸）は、神武天皇が大和に向って出港した地だとも伝えられている。

このように、神武天皇の伝承の周辺にはカシハラあるいはカシワバラ（バル）の地名が残っているので、その一つが谷山の地にも伝えられていたのであろうか。

谷山の柏原神社に建てられている石碑の裏面には、引用した文に続いて、「高倉天皇ノ承安年中（一一七一～七五）に谿山ノ庄司、其址《あと》に天皇ヲ奉祀シ橿原宮ト称セリ、村社柏原神社ノ始ナリ」とあるので、社名伝承の由来とその背景の一端が知られよう。なお、高倉天皇の承安年中は、平家政権の最盛期であり、平清盛の娘徳子が高倉天皇の中宮となったのが承安二年であった。

石体神社前の「高千穂宮址」の碑

神武天皇と南部九州とはどのようなつながりがあるのであろうか。

それは、日本神話のなかでも終末を飾る日向神話のなかで語られている。その日向神話は、ニニギノミコトの天孫降臨で始まる。天照大神の孫、ニニギは高千穂峯に天下った後、薩摩半島南西端の笠沙《かささ》岬にやって来た。そこで美人と出会い、恋に落ちた。相手は阿多のアタツヒメで、一夜を共にした。その結果生まれたのが、海幸彦と山幸彦の兄弟であった。

兄の海幸彦の子孫が隼人であり、弟の山幸彦の子孫が、やがて天皇となる。海幸・山幸の神話はよく知られているので、いまここでは系譜だけを記すと、山幸彦は兄の釣針を探して海神《わたつみ》の宮を訪ね、海神の娘トヨタマヒメと結ばれる。その間に生まれたのが、ウガヤフキアエズで、そのウガヤフキアエズの子が神武天皇である。したがって、ニニギの降臨から神武天皇の出生・成長までは南部九州が舞台である。

ニニギから神武天皇まで四代の間で、その系譜に兄弟の関係で「隼人の祖」がかかわっていることは看過できないであろう。

中央の有力豪族・氏族といえども、天皇家とこれほど近い系譜関係を持つ例は見出せないからである。また、神武天皇の妃も隼人の地の女性であった。その妃の出身地の「吾田（阿多）」はやがて『古事記』『日本書紀』に隼人に冠する地名として登場してくることになる。

いっぽうで、神武天皇にかかわる伝承も、かつての日向に包括されていた鹿児島・宮崎両県には多い。

さきに神武天皇にかかわる伝承地をいくつかとりあげたが、宮崎神宮（宮崎市）は神武天皇の宮崎宮の故地だと伝えられている。また、美々津《みみつ》（日向市）は東遷した神武天皇の出発地、あるいは寄港地との伝承がある。

大和イワレ地域の豪族か

その神武天皇は実在したのであろうか。アジア・太平洋戦争後は実在を否定する説も強いが、それに疑問を投げかける説も、またかなりある。戦後の日本古代史をリードしてきた一人、東大教授であった坂本太郎先生は、つぎのように述べている。

第一代の天皇（神武）神倭伊波礼毗古命（カムヤマトイハレヒコノミコト）は、カムヤマトは尊称ないし美称であるが、イハレヒコは実名もしくは通称であって、その時代に存在した名としておかしくない（『邪馬台国』二六号、一九八五年）

少し補足すると、大和の三輪山の近くに「磐余《いはれ》」の地名が実在するので、その地の豪族の出身であろう、と考えておられるのであろう。

第一代の天皇の実在を認めるにしても、二代以下の綏靖《すいぜい》・安寧《あんねい》・懿徳《いとく》・孝昭・孝安・孝霊・孝元・開化の九代までの各天皇についてはその実在を否定する説が有力である。現在通用している時代区分でいえば、第一代の神武天皇の即位が、西暦紀元前六六〇年と推定されているので、九代までの天皇は、ほとんどが縄文時代晩期・弥生《やよい》時代の生存ということになる。

それでも、『日本書紀』などには、各天皇の即位年・崩御年などが月・日も入れて記されている。神武天皇の即位を元年とする、いわゆる「神武紀元」であるが、たとえば二代の綏靖天皇は「元年（八〇）正月八日即位」「三十三年（一一二）五月十日崩御」というように。

暦法の伝来は、六〇二年に来日した百済僧観勒《かんろく》によるとされ、それは中国の元嘉暦《げんかれき》であったというのが通説である。したがって、どのようにして年・月・日がわかったのか、奇異の感もあるが、日本（倭国）独自の暦も存在した、と考えられなくもない。

というのは、月の満ち欠けを観察することによって、日を数えることが可能だからである。「月読み《つくよ》」の語は、古くから月によって日を数えてきた例証とも言える。三日月、十三夜、晦日《つごもり》（「月隠《つきこもり》」の約）、朔日《ついたち》（「月立《つきたち》」の音便）など、月によって日を読む言葉も、古来月によって日を数えて来たことを語っているようである。

そのいっぽうで、四季の変化や植物の成長は太陽の動き・光合成によって変化してくるので、日の出の方向、昼夜の長短にも敏感であった。したがって、日本で用いられてきた「旧暦」は太陰暦と太陽暦を折衷した暦であった（太陰太陽暦）。

いずれにしても、いまのようなカレンダーがなくても、月と太陽を観察することによって、およその月・日は知ることができたはずである。したがって、暦の渡来以前に、『日本書紀』などに年・月・日の記述があったとしても、それをでたらめとまではいえないであろう。

つぎには、やはり問題にしたいのは、ニニギノミコトは、なぜ南部九州に天降ったのであろうか。そしてまた、天皇家と隼人の祖は、なぜ近親関係とされたのであろうか。

この問題については、これまでに別稿で私見を述べたことがあるので、ここでは簡潔に記しておきたい。

日本神話のなかでも、天孫降臨で始まる日向神話は最後の部分であり、成立の時期も遅いとみられる。その成立時期は中央政権が南部九州の隼人を支配下に組み入れようとする時期でもあった。そこで、南部九州の信仰的霊峰であった高千穂にニニギを降臨させ、さらに隼人の祖を天皇系譜に編入することによって同化を計ろうとしたものと考えられよう。その方策がアタツヒメやトヨタマヒメなど、地域の女性との婚姻であった。ニニギから神武天皇にいたる四代は、すべて南部九州の女性と結ばれていた。

動物の鳴き声は邪気払い

もう一つの問題がある。それは、隼人を天皇の側近に置いて、天皇を守護する役割に期待したことである。そこには隼人の呪力《じゅりょく》があった。その呪術は、「吠《ほ》ゆる狗《いぬ》」となって発揮されるので「狗吠《くはい》」と呼ばれる。

狗吠の音声の具体例を示す記述は見出せないので、想像するしかないが、種々の吠え声のなかでは「遠吠え」がそれに当るような気がする。遠くまで聞こえる、長く引いた吠え声である。

いまでも神道のお祭りの際に神職が発する警蹕《けいひつ》を聞くと、狗吠を髣髴《ほうふつ》させるものがある。「ウォー」と、長く引くお祓いの声である。先払《さきばら》いをして邪気・邪霊を鎮めるためであるという。

隼人の狗吠は、朝廷の儀式場に入る官人たちの列に、左右から吠え声を発して、邪気を式場に持ち込まないようにしたり、天皇の行幸の先払いをしたりしている。まさに、警蹕に近い役割である。

沖縄・石垣島を旅したときの話を前に述べたことがあった。興味ある話であるので、思い出していただきたい。ある集落で、夜の集会（宴会）があると、出かけて行った主人は帰宅の際に自宅の入口の前で、近くの豚小屋の豚をたたくなどして鳴かせる風習があるという。それは、外で身体についた邪気を払うためで、邪気を家に持ち込まない効果があると聞いた。動物の鳴き声には超自然的呪力が秘められており、その呪力が南の島では、いまでも生きていたのである。

犬はもちろんのこと、豚は人間の身近にいて、有益な動物たちである。いずれも、人間の生命を維持し守ってくれるので、人との関係を語る話は少なくない。なかでも、犬はその筆頭である。

犬と人とのかかわり、犬が人を守護してくれる話は、古くから各地にある。そのような各地の話のなかで、中国大陸や朝鮮半島の例は、隼人の狗吠を考えるうえで参考になるであろう。中国では天子をはじめ一般大衆にいたるまで、犬が門を守り、病魔や不祥事から人を守るという観念が古くからあったという。また、朝鮮半島にも、台湾にも類似の信仰・習俗が見出されるという。

日本古代には、犬養氏《いぬかい》や犬養部が存在し、犬を飼養する職掌があった。その目的は、犬を狩猟に用いるためとする説や、朝廷の直轄地である屯倉《みやけ》を守衛するためだとする説がある。とりわけ後者の説では、地名ミヤケとイヌカイの近接関係をとりあげた研究もある。この研究を、隼人の移住地にまで敷衍《ふえん》すれば、隼人の職掌との接点が見つかるのではないか、との想定もできるが、いまだ解明されるところまではいたっていない。

奈良佐保山の「隼人石」

隼人の狗吠について、江戸時代にも関心をもった学者があった。なかでも、伴信友《ばんのぶとも》が隼人像とした「犬石」の話がある。

奈良の北には低い丘陵地が横たわり、京都府との境界をつくっている。この丘陵を奈良山、あるいは那羅山・平城山とも書き、いずれも「ならやま」とよんでいる。

ナラとは平坦を意味する語であり、盆地の奈良はその名にふさわしいが、奈良山は山とはいっても、山のイメージには遠く、小さな丘が連なっているといった感じでしかない。

「青丹《あおに》よし」奈良の都、と『万葉集』に枕詞として使われる青丹とは、青黒い土だというが、この土は奈良山に産するものでじつは白色の土である。

近鉄奈良駅からどの道でもよい、北に進路をとると、すぐに女子大の構内に突き当たる。そこを迂回して向こう側に出れば、もう奈良山である。その手前に東西に走る道がある。かつての都の一条南大路である。

この道は東大寺の転害門《てがい》から平城京へのびているが、この道を佐保路ともいう。また、奈良山も佐保路に沿う部分を佐保山とよんでいる。

「佐保」という地名の語感には、こころよいある種の懐旧的ひびきがこもる。

大伴家持は佐保山にかかる霞をみると、今はなき妻を思い出し悲しみをつのらせた。


佐保山にたなびくかすみ見るごとに妹を思い出で泣かぬ日はなし

と、『万葉集』（巻三―四七三）によんでいるが、そのほかにも、佐保山をよんだ歌は少なくない。また、都の大宮人は好んで佐保山の山麓に居を構えた。

佐保の地を愛好するその情は、死後もその地を離れがたいものにしたのであろうか、平城京に都を営んだ天皇たち、その皇子たちの墓所も、この地には多い。元明《げんめい》・元正・聖武《しょうむ》の三天皇の御陵、聖武天皇の皇子の墓所は佐保山に築造されているし、藤原氏を代表する人物、藤原不比等《ふひと》が火葬にふされたのもこの佐保山と伝えられている。

佐保山に築かれたその御陵の一つには、隼人石とよばれる、隼人をかたどった彫刻石があるという話が古くからある。

隼人石のある御陵は、一説には元明天皇陵だというが、いくつかの文献から総合すると聖武天皇の皇子の那富《なほ》山墓とみるのが妥当であろう。といっても、明治時代以降は皇室関係の陵墓に立入ることは厳しく禁止されているので、その所在の確認はひとまずひかえておこう（後年、その所在は確認された）。

ところで、いまの福井県、若狭小浜《わかさおばま》藩の国学者で江戸後期の考証学派の代表的人物として知られている伴信友《ばんのぶとも》は、その著『比古婆衣《ひこばえ》』のなかで、この隼人石の彫像を写生したものを載せ、その様相をかなり具体的に紹介している。
　それによると、伴信友はこの石を犬石とよび、

　其陵辺に建てたる犬石と呼ぶもの三基あり、みな自然なる石の面を平らげて狗頭の人形を陰穿《えり》たり、頭は狗の假面なるべし、

と記し、犬石は三基あって、いずれも狗頭《くとう》の人形《ひとがた》を陰刻したものであるという。

佐保山の隼人石

　また、つぎのようなことも述べている。その三基のうちの一基は高さ約二尺六寸の立像で、像の上に「北」の字が書かれている。ほかの二基は坐像である。犬石はもと七基あったので、土地の人々はそれを七匹狐と呼んでいた。しかし、土地の人々が七匹狐と呼んだのは、伴信友の言をかりると、それは「里俗のさかしらなり」というこ

とで、里人のりこうぶった誤解であるという。

続いて伴信友は、これらの犬石の存在をどう解釈すべきかについて、以下のようにも記している。

『記紀』の神代巻には隼人が天皇に服属する由来を述べた一節があり、たとえば『日本書紀』によると、

火酢芹命《ほすせり》の苗裔《のち》、諸の隼人等、今に至るまでに天皇の宮墻《みかき》の傍《もと》を離れずして、代《よよ》に吠《ほ》ゆる狗《いぬ》して奉事《つかえまつ》る者なり

とあるが、この故実にもとづくように、隼人は朝廷に仕えるに際しては狗の吠え声を発していた。佐保山の三基の犬石はそのような隼人の奉仕の姿を形どったもので、天皇の死後においても（伴信友は犬石は元明天皇陵に在るとしている）、陵墓を守護する役目をもつものとして、このような石像に造形されたとするのである。

また、かれの推測によると、いま残る立像・坐像は合わせて三基であるが、もとは七基あって「七匹狐」と里人がいったというのも、じつはすでに一基は失われたもの

で、当初は八基あったものだという。そして、いま残る一基の立像の上方に「北」とあるのは陵の北方に安置されたもので、他に「南」・「東」・「西」の立像があり、それぞれ坐像とともに四方、四隅に据えられていたものだともいっている。はたして、これらの隼人石あるいは犬石と呼ばれる石像は、伴信友の考えたような性質の石造物なのであろうか。

隼人は吠声で仕える

隼人《はやひと》の名に負ふ夜声いちしろくわが名は告《の》りつ妻と恃《たの》ませ

これは『万葉集』(巻十一―二四九七)におさめられている、隼人を読みこんだ数少ない歌の一つである。

歌の大意は、あの有名な隼人の吠声《はいせい》が夜には澄んではっきり遠くまでも聞こえるように、あなたにはっきりと私は名を告げました。このうえは、私を妻として信頼してください、とでもいうのであろう。

隼人の吠声は都やその周辺の人々の間にはよく知られていたことが、この一首からでも明らかである。隼人は吠声を発するのは夜と限定されていたのではない。昼間でもしばしば発せられていたが、視覚を失った夜の暗闇の世界では聴覚がいっそうとぎ澄まされ、はっきりとその異様な音声が聞こえ、いつまでも耳に残った。

さて、隼人の狗吠はその後いつごろまで続いたのであろうか。

狗吠について、比較的まとまって記しているのは『延喜式』の隼人司条であった。その『延喜式』の成立は九二七年である。ところが、それから一世紀も経たない一〇一一年十一月に行なわれた三条天皇の大嘗会では、諸卿が応天門を経て会昌門に入るとき、「隼人吠声を発せず」、諸卿のなかの一両人がわずかに吠声を真似た、しかし、その吠声は「例の声に似ず」との記録があり(『長和元年記』)、笑い話のようでもある。

また、中原康富の日記(中原家は代々隼人正《かみ》を歴任し、一四〇一年から五〇年以上にわたる日記が断続して現存)によると、一四三〇年(永享二)の後花園天皇の大嘗会では、隼人司の吠声はなく、「近例、此の儀に及ばず」と記されている。

したがって、室町時代には隼人司という官司は存続しても、『延喜式』に記述されているような隼人の吠声は廃絶していたようである。

隼人の吠声は、隼人のなかでも「今来隼人《いまき》」がその役割を担当していた。今来とは、新来の意であり、六年ごとに交代して朝貢してきた隼人のなかで、受継がれてきたと推測される。それは、南部九州の原地から朝貢してきた隼人が、もっとも強い呪力をもっていると期待されていたからであろう。

しかし、八〇一年に隼人の朝貢が停止されると、新来の隼人の上京も絶え、以後は畿内隼人によって、名目だけの「今来隼人」として代行されてきたのであろうと推定される。

その隼人役も、やがて途絶えたのであろう。それでも、天皇の即位や大嘗会《だいじょうえ》などには、その儀式を維持する隼人司の役割はまがりなりにも存続していたと見られる。『康富記』によると、山城国大住には大嘗会田「一丁二反」が記されている。

五章　その二

神武天皇の生涯を『記紀』（古事記・日本書紀）によって、もう少したどってみたい。

天皇は、高千穂に降臨したニニギノミコトから数えて四代目で、南部九州で誕生したことになっている。父はウガヤフキアエズ、母はタマヨリヒメ（海神の娘、トヨタメヒメの妹）で、誕生地の伝承の一つが宮崎の鵜戸《うど》神宮の地であるという。

天皇は四人兄弟の末子ということになっている。かつて、末子相続は西日本各地の慣習として分布していたが、薩摩半島ではその慣習がとくに近時まで残存していた、と民俗学の研究者は語っている。神武天皇にいたる四代のなかでも、その例が見られる。

大和におはいりになつた

所にお立寄りになり、そのあたりを平げつゝ、長い間かゝつて難波におつきになつた。
天皇は、河内から大和へお進みにならうとした。わるものどものかしらに長髄彦といふものがゐて、地勢を利用して御軍をふせぐので、これをうち破つて大

神武天皇がけはしい山道をお進みになつた

（神武天皇）
昭和10年代の小学校国史教科書

「神武」の名は、おそらく後世につけられたもので、『日本書紀』による死後の諡号《しごう》（おくり名）は「神日本磐余彦天皇《かむやまといはれひこのすめらみこと》」であるが、ここで用いられている「日本」「天皇」などの表記も後代の用字である。となると、「磐余彦」に意味があり、その前後の表記は美称あるいは敬称として、のちに加えられたものであろう。

いっぽう、同書では「神武」の諱《いみな》（生前の名）は「彦火火出見《ひこほほでみ》」ともある。これは、二代前の山幸彦と同名で、ニニギノミコトの子の一人である。とすると、本来の神話は、天降ったニニギの子が第一代の天皇になる構成であったが、阿多隼人に伝承されていた海神神話を、隼人同化をはかって、その間に挿入したことによって、名前がダブることになり、現存の新しい神話が構成されることになったのではないか、との推定も可能となる。しかし、いまはそれ以上は追求せず、先に進めたい。

神武天皇船出はどこから

神武は十五歳で太子となり、成人して吾田（阿多）邑《むら》の吾平津媛《あひらつひめ》を妃とし、手研耳命《たぎしみみのみこと》を生む。

四十五歳にして、一念発起《ほっき》して、「西の偏《にしのほとり》」から国の中心をめざし、「諸の皇子・舟師（水軍）をひきいて東を征《う》ち」に向う。いわゆる、神武東征である。

途次、筑紫《つくし》・安芸《あき》・吉備《きび》などに寄りながら、河内の白肩之津《しらかたのつ》（現、大阪府枚方《ひらかた》市北部）に到る。古くは現在の地形よりも大阪湾から内陸部に潟湖が入り込んでいたようである。

筑紫では、速吸之戸《はやすい》（豊予海峡）をぬけて菟狭《うさ》（宇佐）の一柱騰宮《あしひとつあがりのみや》を経て岡水門《おかのみなと》（現、福岡県遠賀《おんが》川河口）へ到る。その後、瀬戸内沿岸の安芸（広島）・吉備（岡山）へと進路をとっている。

ところが、東征の出発地については『古事記』に「日向より発たして筑紫に幸行《い》でましき」とあるだけで、具体的港津の名は記されていない。「日向」は、古くは鹿児

宮浦神社と銀杏

島・宮崎両県の地域を広く指していたので、神武天皇東征出航伝承地は両県にいくつかある。そのうちの肝属川河口の柏原や耳川河口の美々津などを、前にあげたが、もう一カ所を紹介しておきたい。

それは、鹿児島湾奥部の霧島市福山町にある宮浦《みやうら》神社の地である。この神社は式内社であるから、神社の歴史としては古い。祭神は神武天皇ほか、天神七代・地神五代とするが、『延喜式』では「一座」であるから神武天皇が中心であろうか。

この神社の境内、本殿を正面に見る左右に銀杏《いちょう》の大木が二本ある。樹齢一千年以上（樹囲八メートル弱）ということであるから、神社の歴史と前後する長い生命を保っている。また、境内地の一角には、「神武天皇御駐蹕傳説地宮浦」と記された石碑が建っており、右寄りに「昭和十五年十一月十日」、左寄りに「鹿児島縣知事指定」とあって、先掲の谷山の柏原神社の石碑と同じく、紀元二千六百年を記念して造立されたものとみられる。

また、神社への国道の途次、国分市街地寄りには若尊鼻《わかみこのはな》といわれている、海中に突き出た岬がある。釣場としても知られているらしく、いつ行っても釣り人が多い。桜島も好角度で眺められるので、釣果がなくても、都塵をしばし忘れられる、隠れた名勝地である。

若尊鼻

この岬の名の由来については、クマソを討ちに来た日本武尊《やまとたけるのみこと》の上陸地という伝承にもとづくとされている。『日本書紀』によると、クマソ征討に出立するときのヤマトタケルの年齢は十六歳とされているので、「若尊」の名にふさわしい。また、ヤマトタケルはクマソを討つときに女装しているので、それも似合う相応の年でもあろう。この岬の名称やその由来伝承には、あるロマンさえ感じさせるものがある。

父子で美女を争う

ところが、『古事記』に描かれたヤマトタケル像は、残酷非道な人物であった。その父親景行《けいこう》天皇の話から始めたい。景行天皇の妃は数えられるところで七人以上である。皇子たちを集計して、「録《しる》せるは廿一王、入れ記さざるは五十九王、幷《あは》せて八十王」とある。すなわち、皇子は八十人いるが、記録しているのは二十一人というのである。そのうちの二人が大碓命《おほうすのみこと》・小碓命《をうすのみこと》（のちのヤマトタケル）兄弟であった。（『日本書紀』には双生児とある）。

さて、父の天皇は美濃国（現、岐阜県）に「容姿麗美」の姉妹がいると聞いて、兄の大碓命を遣わして二人を召し上げることにした。ところが大碓命は「己《おの》れ自《みづか》ら其の二《ふた》りの孃子《をとめ》を婚《まぐは》ひして、更に他《あだ》し女人を求めて、詐《いつは》りて其の孃女と名づけて貢《たてまつ》りき」とあり、二人の女性をめぐっての父子の争いがあった。

景行天皇の実在については、かなり疑いがもたれているので、妃・皇子の数についても信憑性は少ないとしても、『記紀』の編纂者は、神代は別にして、皇代の記述はそれなりの人間関係を前提として、記述を取捨したとみられる。

『記紀』編纂期にあたる七世紀後半の天武天皇には十名以上の妃がいたことが認められるし、その後の律令（後宮職員令）でも、皇后は別格として、妃《ひ》二人、夫人《ぶにん》三人・嬪《ひん》四人の規定があったから、妃《きさき》は十人ないし、それ以上となる。

古代に限らず、一夫多妻の習俗は後代にも多く見出される。江戸時代、徳川十一代将軍家斉《いえなり》は、側室四十人で、子女五十五人をもうけた。明治期のある元勲は、明治天皇から子どもが何人いるかと聞かれ、「調べてから、ご報告申し上げます」と即座には答えられなかったという話が残っている。調べても全員わかったかどうか気になるが、話をヤマトタケルにもどそう。

さて、景行天皇と大碓皇子（命）父子の女性をめぐる争いから、天皇は弟の小碓皇子に「なぜ、お前の兄は朝夕の食事に出てこないのか、お前が教え諭《さと》せ」といわれた。それから五日たっても、大碓皇子が出てこないので、天皇が小碓皇子に再度確認したところ、小碓皇子は「すでに教え諭しました」と答えた。そこで天皇は「如何《いか》に教えたのか」とたずねると、「兄が朝方厠《かわや》に入ったとき、待ち捕えて、搤《つか》みつぶして、手足をバラバラにして、薦《こも》に包んで投げ棄てました」と答えた。

天皇は、それを聞いて、小碓皇子の猛《たけ》き荒き情《こころ》を恐れて、「西の方に、クマソタケルが二人いる。かれらは天皇の命に従わず、無礼な者たちだ。その二人を討ち取れ」といって、遣わした。それが、クマソ征討に向う発端であった。

また、女装してクマソ兄弟を討ち殺すときは、弟が逃げ出したところを、「其の背《そ》皮《びら》を取りて、剣を尻《しり》より刺し通した」とあり、兄を殺すときは、「熟苽《ほぞち》の如く振り折《た》ちて殺した」という。すなわち熟《う》れた瓜《うり》がジクジクするように、兄の肉体をグチャグチャに切って殺したというのである。

クマソの弟と兄、それぞれの殺し方は普通ではなく、残虐そのものである。それに加えて、実の兄の殺し方を思い出すと、なんとも尋常ではない性格である。

そもそも、クマソはなぜ「征伐」されねばならなかったのか。「伐」とは、罪人を攻める、罪を罰して斬《き》る、首を切って殺すなどの意である。クマソが実在していたとすれば、南部九州の先住民であり、わたくしたちの先祖である。列島の南端の別天地で自立して、生活を楽しんでいたと想像される。そのクマソ一族が天皇の命令に従わなかったといって、「征伐」される理由になるのだろうか。

わたしたちも、つい「クマソ征伐」という表現を、深く考えずに使ってしまうことに、慣らされてしまっている。


若尊鼻の絶景にもどりたい。

ヤマトタケルもクマソもしばし忘れさせてくれる静かな海、やわらかい陽光、そして昭和火口から白い煙をあげている堂々とした桜島が、すぐそこにある。

ワカミコの名称については、別の伝承がある。それは、「若皇子《わかみこ》」から名付けられたもので、神武天皇の幼名「若御毛沼《わかみけぬ》」にもかかわるという。『古事記』によると、ウガヤフキアエズとタマヨリヒメの間には四人の子があり、「生みませる御子の名は、五瀬《いつせ》命、次に稲氷《いなひ》命、次に御毛沼《みけぬ》命、次に若御毛沼命」とあり、末子のワカミケヌの「亦《また》の名は神倭伊波禮毘古《かむやまといはれびこ》命」とある。

となると、神武天皇を祭神とする宮浦神社との結びつきもあって、「若皇子」あるいは「若御毛沼」から転じた表記か、とも推測可能である。しかしながら、宮浦神社については『延喜式』以後の記録がほとんど失われており、わずかに江戸時代の一七五二年（宝暦二）に「正一位」の神位奉授があったことが知られている。したがって、「若皇子」「若御毛沼」の伝承が、何らかの出典にもとづくものとの確証は見出し得ていない。

金鵄に助けられた神武

話をまたもとに戻して、神武天皇の東征をもう少し追ってみたい。

大阪湾から上陸して、河内から大和に入ろうとした神武は、両国の境にある生駒山《いこま》西麓の孔舎衛坂《くさえ》で長髄彦《ながすねひこ》に行手を阻《はば》まれてしまった。クサエザカの地名は、いまも大阪から奈良に向う近鉄沿線に残っており、すぐ東には生駒山が前途をさえぎるように迫っている。長髄彦は、その名前からして長身巨漢の体躯で、一帯を領有支配していた豪族の首領であろう。

新来の神武にとっては強敵であったから、神武は一旦後退して、大阪湾を南へ廻り、紀伊半島から大和に入る進路をとっている。その間に、兄五瀬命などを戦いで失っていた。熊野から難路を北上、途中高倉下《たかくらじ》に助けられ、八咫烏《やたがらす》の先導などを受けながら大和に入り、遂に長髄彦を討つのであるが、この間の『記紀』の記事はかなり詳しく長い。

したがって、その多くを省いたが、一つだけ書き留めておくと、戦いが不利になった時に、金色の鵄《とび》が飛んで来て天皇の弓の先（弓弭《ゆはず》）に止り、敵を眩惑したという。この金鵄《きんし》の話が由来となって、明治時代になって陸海軍軍人で武功抜群の者に「金鵄勲章」が下賜されるようになったという。また、この金鵄の話は、明治以後の教科書に載せられていたので、国民の多くが共通知識として、語り伝えられていたという。

大和に入った天皇は、その後畝傍山《うねびやま》の南東の橿原《かしはら》の地に宮殿を建て、媛蹈鞴五十鈴《ひめたたらいすず》媛《ひめ》を正妃（皇后）に立てて、帝位についた。

これまで、「神武」あるいは「天皇」の名で話を進めて来たが、これまでは磐余彦《いはれひこ》であって、即位して「天皇」となる（その天皇号も七世紀末からの使用で、それ以前は「大王」であったか）。その即位年は辛酉《かのととり》で、紀元前六六〇年にあたるという。在位は七十六年と長いが、さらに崩御年は百二十七歳であったというから、並の人間ではない。陵墓は、畝傍山北東にある。

ところで、即位年を神武元年としての年代の数え方はアジア・太平洋戦争時までは一般的に使われていた。昭和十五年（西暦一九四〇）は、その神武紀元でちょうど二六〇〇年にあたっていたから、記念行事が全国各地で行われた。なかでも、神武天皇の誕生地であった鹿児島・宮崎両県では行事が盛んであった。その一端については、次章でとりあげる。

当時、歌われた「紀元二千六百年」は、国民の愛唱歌の一つであった。一番から五番まであるが、一番だけ書き出してみる。いまだご記憶の方も多いと思う。

金鵄《きんし》輝く　日本の
栄《はえ》えある光　身にうけて
いまこそ祝え　この朝《あした》
紀元は二千六百年
ああ　一億の胸はなる

この歌詞の冒頭は「金鵄」である。太平洋戦争を経験されている高齢の女性に、この歌詞を見せたら、つい歌い出して、なつかしい表情をされた。そして、この曲を聞くと、当時の食糧難をもついでに思い出してしまうという。当時は替え歌もはやり、歌の最後は「ああ　一億のハラは減《へ》る」と、一億国民の実情を語ってくれた。
　ところで、歌詞の最初の「金鵄」についても訪ねたら、それは「キンシクンショ

「八紘之基柱」建設記

「八紘の基柱」は八紘台に建っておる。八紘台（平和台）は、宮崎神宮と共に、古き由緒ある建国の旧跡として、神武天皇が宮崎にましました時、御宮居の跡と伝承する皇宮屋一帯の中枢地である。宮崎神宮は、市の北端にあって、〝神武さま〟の愛称で親しまれ、鬱蒼としげる神厳なる森の中に鎮座まします、神武天皇をお祭神とする神宮である。それから北方一キロの大地の皇宮屋は、神武天皇大和に進発されるまで、皇居として政治をとられた建国創業の歴史の地である。この皇宮屋の北の丘（八紘台）に「八紘之基柱」がある。

（『宮崎県政外史』（一九六七年刊）より引用）

ウ」（金鵄勲章）ですよ、と即座に答えられた。そこで、神武天皇の弓の先端に止まった「金鵄」の話を聞いてみた。すると、それは「キンシ」ではなく「金のトビ」です。教科書で教わったから間違いありません、と断言された。教科書と「紀元二千六百年」の歌詞の間にはその理解に齟齬《そご》が生じていたようである。

ところで、神武天皇の即位年がなぜ西暦紀元前六百六十年の辛酉《しんゆう》の年となったのであろうか。この設定については、早くも平安時代に三善清行《みよしきよゆき》が十世紀の初めに示唆的提言をしている。また、江戸時代の十九世紀になると、伴信友《ばんのぶとも》の主張があり、明治時代に東洋史学者の那珂通世《なかみちよ》に至って定説となった学説がある。

それは中国古代の予言説である讖緯《しんい》説にもとづいているという。シンイ説とは陰陽《いんよう》五行《ごぎょう》説によって、干支《かんし》の辛酉年には政治上の変革があり、ときに国の主権者が交替するという。その辛酉年は六〇年（一元）ごとにめぐってくるが、一元が二十一回繰り返されると、一部《いちぼう》（一二六〇年）とし、この年には大変革が起こるとされる。そこで推古天皇九年（六〇一）の辛酉年を基準とし、それから一部さかのぼらせた辛酉年

（紀元前六六〇年）を神武天皇即位年、国の建国初年として『日本書紀』にその年代が記されたというのである。

しかし、その後の歴史記述では神武紀元はあまり使われなかった。ところが、明治六年（一八七三）一月に神武天皇即位日や天長節を祝日としたことから、神武紀元（皇紀）が国定教科書に記述されるようになり、アジア・太平洋戦争後に廃止されるまで存続した。

太陽暦採用と紀元節

神武紀元が廃止されると、西暦が一般的に通用するようになったが、西暦が「正しい」とまでいうのはどうであろうか。西暦はイエス・キリストの誕生を元年として数えているので、キリスト教徒の多い国で利用されてきた。ところが、世界には多くの宗教があって国情も異なっている。ただ、西暦を用いる国が多いので、それに合わせるのが国際的に「便利」ということであろう。

神武紀元が、明治六年から用いられたのは、ある事情があった。その事情とは、その前年末から翌年初めにかけて、日本の暦法に大きな変化が起こっていたことである。

明治五年は、国民皆学・国民皆兵が布告された年である。すなわち、近代的学校制度（学制）と徴兵制度（兵制）の始まりである。このうち、暦法とからんで月・日に不思議な現象がおこった。たとえば、「徴兵告諭《こくゆ》」が明治五年十一月二八日に発布され、従来の武士に代わって「全国四民男児二十歳ニ至ル者ハ、尽《ことごと》ク兵籍ニ編入シ、以テ緩急《かんきゅう》ノ用ニ備フヘシ」と、太政官が徴兵令の意義を説明している。そして、翌六年一月十日に徴兵令が発せられたのであるが、告諭から四十数日あるはずの日数が、現実にはわずか十五日しかなかったのであった。

じつは、その間に太陽暦が採用されたのであった。

それまでの旧暦（太陰太陽暦）は、明治新政府を悩ませていた。というのは、種々の新政を実施するための財源に苦慮していたからである。旧暦では、原則として三年に一年は十三ヵ月となっており、ときに二年に一年になることもあった。

江戸時代までの諸藩の出費を見ると、たとえば藩士への俸禄は年俸を基本としていたので、一年が十二ヵ月でも十三ヵ月でも、その対応に変化はなかったが、明治新政府は新制度のもと、役人や巡査などに支払う給料は、年俸ではまかなう財力はなく、月俸（月給）を基本にしていた。ところが、一年に十三度も月俸を支払わねばならない年が出て来たのである。

明治になって、元年、三年について、六年が十三ヵ月になる（閏《うるう》月のある年）予定であったから、五年の末近くの十一月九日に、来年（六年）から「太陽暦採用の詔書」が発布された。

その結果、明治五年十二月三日を、一八七三年（同六年）一月一日としたのであった。この日をもって、日本は太陽暦を採用するとともに、西暦と日本暦が合致することになった。

一八七三年元日以前のできごと・事件に西暦を用いると、じつはズレがあるのだが、現在は教科書をはじめ、通常の日本史ではそのズレは黙認している。

この暦法のズレは、神武天皇即位日すなわち紀元節をどの日にするかで、政府当局者をかなり困惑させている。そこには、暦法のズレだけにとどまらない。国家体制の基本にかかわる重要問題がかかわっていたからである。

それまで長期にわたった武家政治に代わって、政権をとった明治新政府は、天皇制国家を樹立し、その政治体制をどのように維持・存続させるかに腐心《ふしん》していた。のちの「大日本帝国憲法」では、「天皇ハ神聖ニテ侵《おか》スヘカラス」とあり、また「天皇ハ国ノ元首ニシテ統治権ヲ総攬《そうらん》」するとあるように、天皇は絶対的存在であった。

その天皇の絶対性の根元は、第一代の神武天皇に発していたのであった。したがって、神武天皇の即位日にあたる紀元節は、明治国家にとって重要な祝日であった。

太陽暦採用の詔書が発布されたあと、すぐに太政官布告に「今般太陽暦御頒行《はんこう》、神武天皇御即位ヲ以テ紀元ト定メ被《ら》レ候」とあり、神武天皇即位日の一月一日を太陽暦に換算し、一八七三年（明治六）一月二十九日をもって、即位の祝日とし、例年祭典を執行することにした。しかし、その日に不都合があったのか、曲折を経て、二月十一日と定めて「紀元節」となった。それを引き継いだのが、現在の「建国記念日」である（一九六七年に復活）。

太陽暦の採用は、新政府の財政上の問題に端を発したが、いっぽうでは西欧文化に歩みを合わせる「文明開化」にもかなっていた。

ところが、地方や民衆、商人にとっては混乱が生じ、迷惑をこうむった。太陽暦の採用が発布されたのは、採用日の二十余日前のことであった。暦屋はすでに来年の暦を作り、販売を始めてた。その回収で大損害が生じた。

また、各地の役場では、新しい暦の送付や配布がないままに事務を取り扱ったため、その後も旧暦で日付を記入していたという。

六章　その三

紀元二六〇〇年と宮崎県

昭和十五年は紀元二六〇〇年であった。

神武天皇が大和の畝傍《うねび》山の麓で、第一代の天皇として即位した神武紀元の始まりから、二六〇〇年の記念すべき年にあたっていた。

数字の切れ目からいうと、紀元二五〇〇年であったと思われるが、その時期は江戸時代の天保期であり、幕府は神武天皇にさほどの関心を払っていなかったようであ

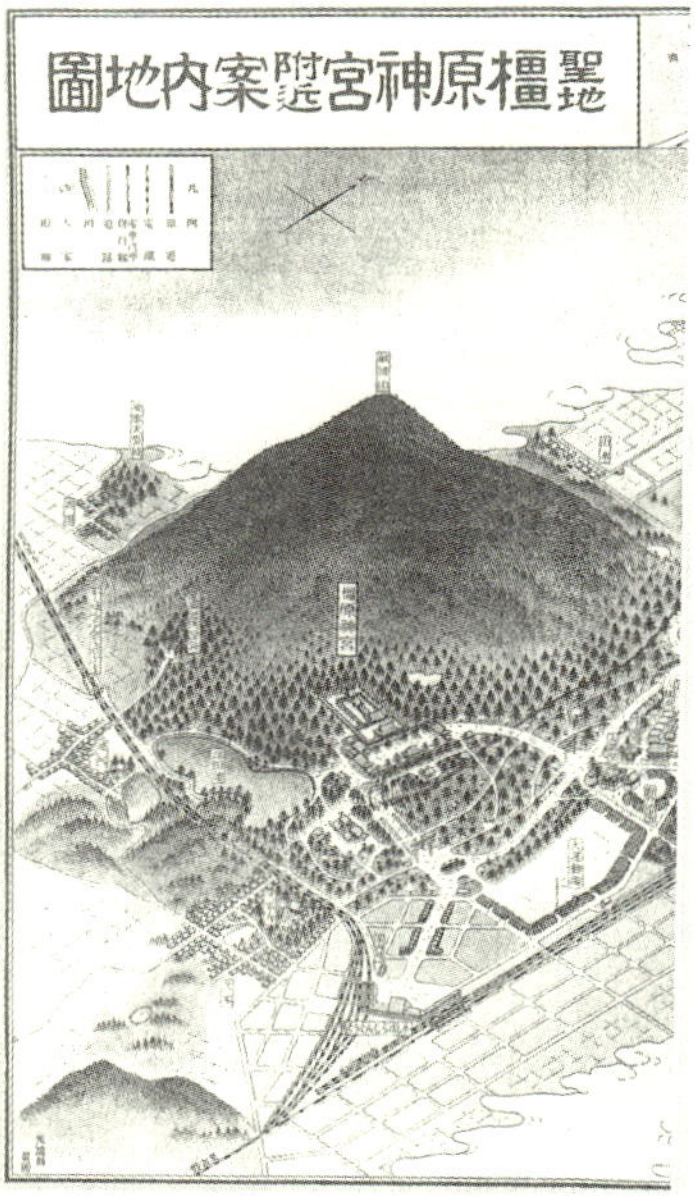

橿原神宮参拝者が急増したための案内地図

る。神武天皇への関心が高まり、その存在が注目されるようになるのは、近代に入って天皇制が国家体制の中心軸として回転し始めてからである。

したがって、明治維新を基点とすると、神武紀元（皇紀）二六〇〇年という画期は天皇制国家として、記念されるべき年であった。

その時はまた、いっぽうで「大東亜」をめざす、十五年戦争（満州事変からアジア・太平洋戦争まで）のさ中でもあり、戦意高揚とも重なって皇威顕彰ムードが国家的規模で高まっていた。

皇紀二六〇〇年記念事業は、その準備が早くから進められたが、とりわけ神武天皇即位の地の奈良県と、天孫降臨・神武天皇誕生地を自負する宮崎県では、その気運が盛りあがっていた。

奈良県では昭和十年（一九三五）以降、奉祝事業で沸《わ》いた。政府も積極的に支援し、内務省は所管する官幣《かんぺい》大社・橿原神宮の社殿の大増築と大修築に着手し、神域の拡張を計画した。

東の明治神宮に対し、西の橿原神宮との意識で、その偉容を示そうとした。橿原神宮外苑が建設されることになり、その整地工事には内外から建国奉仕隊の勤労奉仕が求められた。この事業は、昭和十三年から十四年にわたる一年有半に一二一万人が動員されたという。

官幣大社　橿原神宮

完成した外苑は、一旦は神宮に献納されたが、その後奈良県に移管されて、奈良県橿原道場として発足する（現在は、奈良県橿原公苑）。また、関連して奈良盆地南東の桜井町鳥見山《とみのやま》が「外山《とび》」伝承地と指定され、県奉祝会では『古事記』撰上の太安万侶《おおのやすまろ》を祭る多《おお》神社（磯城《しき》郡）も拡充した。
なお、同十五年二月の紀元節記念大祭執行のあと、六

官幣大社　宮崎神宮

月には両陛下の畝傍御陵および橿原神宮への親拝を迎え、橿原道場に行幸啓があった。さらに同月には奉祝会総裁秩父《ちちぶ》宮を迎えて、紀元二六〇〇年奉祝銃後奉公祈誓大会が、新設の外苑運動場で催された。

宮崎県でも紀元二六〇〇年奉祝気運が盛り上がっていた。先立つ昭和九年（一九三四）には、神武東遷二六〇〇年の祝典を宮崎神宮で行なった。政府も、橿原神宮に加えて宮崎神宮の境域拡張と整備に予算を盛り込んだ。

県では奉祝事業のシンボルとして「八紘之基柱」（あめつちのもとばしら）の建設にとりかかり、海外にまで声をかけて、内外から千七百八十九個の石材が集められた。

宮崎県では、明治以後の神話教育の復活に地域の蘇生をかける願望が高まっていた。

江戸時代には、大藩の多い九州のなかで、宮崎県域は延岡・高鍋・佐土原・飫肥《おび》などの小藩に分れ、加えて薩摩藩が南半の諸県《もろかた》地方を領域とするなど、県域のまとまりに問題をかかえていた。また、県域が南北に長いことも地理的に難があった。

その難点は、明治初年に北に美々津《みみつ》県、南に都城県と、二分された時期があったことにも表われている。

その後も、宮崎県は、旧日向国で一県となるが、明治九年（一八七六）には鹿児島県に併合され、七年後の明治十六年になって分立して、宮崎県が再置されるという経過をたどっている。

いっぽう、県庁所在地（のちの宮崎市）は、九州の多くの県が旧城下町に設定されたのに対し、明治二二年（一八八九）になって、ようやく宮崎町となり、大正十三年（一九二四）になって、遅れて市制が施行されるという、かなり変則的な県庁所在地の歴史をたどっている。

その再置宮崎県の初代県令（明治十九年より「知事」となる）田辺輝美が、この年八月に開かれた第一回県会で述べた言葉に、我が宮崎県の地たるや、地積広濶《こうかつ》にして人民頗《すこぶ》る少なく、固有の天産に富むといえどもこれを収拾《しゅうしゅう》するの力足らず、棄《す》てて塵芥《じんかい》に委《まか》するものその幾許《いくばく》なるを知らず（下略）

という一節があるが、県域の面積は広いものの、人口は三七万七五〇〇人余であった。

三山陵の治定

このような県史の一端を見ても、皇紀二六〇〇年奉祝事業を好機に県勢を盛りあげようという気運は旺盛であった。

そのいっぽうで、鹿児島県に抑圧されてきたという、これまでの不満もうっ積していたようである。その一、二をあげると、まず神代三山陵の件がある。

神代三山陵とは、神代のニニギ・ヒコホホデミ・ウガヤフキアエズの三代のミコトの陵墓比定地が鹿児島県・宮崎県に広く分布していた。

日高重孝氏の『日向の研究』によると、ニニギの可愛《えの》山陵は両県に六か所、ヒコホデミの高《たか》屋山陵が十か所、ウガヤの吾平《あひら》山陵が六か所指摘されている（筆者の調査では、他にもある）。

ところが、明治七年（一八七四）七月の太政官符をもって、三山陵はすべて鹿児島県内の現在の場所（ニニギは薩摩川内市、ヒコホデミは霧島市、ウガヤは鹿屋市）にそれぞれ治定された。「治定」（ちてい・じじょう）とは政治的決定である。

当時は、旧薩摩藩出身者が中央政府の要職を占めており、鹿児島県と宮崎県の綱引きでは勝敗は明らかであった。

つぎの宮崎県側の不満は県境の線引きにあった。というのは、明治十六年に宮崎県が再置されて鹿児島県から分離されたとき、志布志湾沿岸部の一帯、志布志・大崎・松山の地域が鹿児島県に編入されたことであった。志布志湾は宮崎県にとって、南に開けた港湾であったから、この県境の線引きは痛手となった。

県境の線引きには、もう一つ認め難いものが残った。それは、天孫降臨の聖地である高千穂峯のすぐ西まで、鹿児島県側の県境が迫り、この部分だけが突起状に出っぱって引かれていたことである。

皇紀二六〇〇年奉祝を前にして、この線引きについては修正の動きが高まった。そこで、宮崎県知事・相川勝六は当時地図を統括していた陸軍陸地測量部に資料をそろえてねじ込んだ。だが、「今わが国は世界の国境を変えようとしている。両県の県境に違いがあるとしても、そんなことにかまっておられない」、とはね返されたという。

なお、奉祝事業に間に合わせて昭和十五年に築造された「八紘之基柱」は、戦後は「平和の塔」として、宮崎神宮北側の台地の公園に残された。

奉祝事業への取り組みが、鹿児島県は遅れた。天孫降臨や神武天皇との縁《ゆか》りを自負しながら、奈良・宮崎両県の事業への盛りあがりを後追いすることになった。

文部省は、「神武天皇聖蹟調査」事業を計画し、奈良・宮崎両県を対象にした。鹿児島県では、その対象を広げるよう文部省に働きかけるいっぽうで、独自に聖蹟調査会を組織して事業への気運盛りあげをはかった。

その結果、昭和十五年十一月に県指定の史蹟として、神代・神武天皇に関わる十五か所が指定された。その一覧を示すと左のようである。

鹿児島縣指定史蹟表

（名稱）	（所在地）	（旧地名）
神代聖蹟笠狹之碕瓊瓊杵尊御上陸駐蹕之地	川邊郡笠沙町	
神代聖蹟竹島	川邊郡笠沙町	
神代聖蹟長屋	川邊郡加世田町萬世町及笠沙町	
神代聖蹟瓊瓊杵尊宮居址（前ノ笠沙宮）	川邊郡加世田町	
神代聖蹟竹屋	川邊郡加世田町	
神代聖蹟瓊瓊杵尊宮居址（後ノ笠沙宮）	川邊郡萬世町	
神代遺蹟大山祇神遺址	日置郡阿多村	
神代聖蹟瓊瓊杵尊宮居址（可愛宮）	川内市及薩摩郡高城村	
神代聖蹟高千穗宮	姶良郡隼人町	
神代聖蹟西洲宮	肝屬郡高山町	
神武天皇御降誕傳説地水神棚	肝屬郡高山町	
神武天皇御駐蹕傳説地若尊鼻	姶良郡敷根村	

神武天皇御駐蹕傳説地宮浦	始良郡福山町
神武天皇御駐蹕傳説地篠田	始良郡清水村
神武天皇御發航傳説地肝屬川河口	肝屬郡東串良町及高山町

しかし、この十五か所以外にも各地に類似の碑が建てられているので、追加されたのであろうか。さきに取り上げた谷山・柏原神社境内の石碑もその一つである。

「高千穂音頭」で盛りあげ

鹿児島県を挙げての奉祝事業については、拙著『神になった隼人』（南日本新聞社刊）で紹介したので重複を避けたいが、あえてその一部だけを引用してみたい。

島津忠重を総裁、同忠承を副総裁とする奉祝会実行委員会が発足。山形屋で、肇国《ちょうこく》創業絵巻き、古代写真展などの「奉賛展」の実施と「奉祝高千穂音頭」をつくることをきめ準備に取りかかった。

「高千穂音頭」は作詞を佐藤惣之助が担当、佐々木紅華が作曲した。

〽一、山は高千穂霧島の
雲のなかから旭《あさひ》から
国の肇《はじめ》の夜があけた
ヨイヨイヤサット　薩摩から
花の日本のソレヤレソレ
夜が明けた（以下略）

十五年になると二月一日から山形屋の「奉祝二千六百年展」が幕開きし、天の岩戸からはじまる三十六景のジオラマが人気をよんだ。

本番（紀元節の日）の前夜二月十日になると、天孫降臨の高千穂で肇国二六〇〇年の輝ける日を迎えようと、七高生、高農生、中学生が夜を徹して登山した。

藤野鹿児島県知事も松原総務部長を従えて午後八時に霧島神宮に参拝してから

登山を開始。古宮跡の山小屋に仮寝して夜明けを待った。東京三州人会から奉祝会顧問、菱刈隆大将の代理として派遣された桜井徳太郎大佐、それに平岡連隊区司令官、池畑鹿児島商工会議所会頭らも山頂めがけて夜の登山をした。夜明け前には千人を越える人たちが集まった。寒気がきびしい夜だったので、それぞれたき火などをして日の出を待った。

太陽がのぼって霧島山系に陽光を投げかけた。坂本霧島神宮宮司がおはらいをしてのりとをあげ、山頂での祭礼がはじまった。一同は「雲にそびゆる高千穂の…」の「紀元節の歌」と「紀元は二千六百年の歌」を合唱、バンザイを三唱して山をおりた。

霧島神宮では境内で青少年武道大会が催され、市町村でも「奉祝大行進」などが行なわれた。川内ではこの日を期して市制を実施、また鹿児島市が奉祝記念に着工した鴨池陸上競技場が完成、祝賀会があった。

いっぽう、政府主催の式典は昭和十五年十一月十日に、全国および海外からの招待者など四万九千人余が参列して、宮城（皇居）前広場で開かれた。

式場には、この日のために杉皮で葺いた入母屋《いりもや》・寄棟《よせむね》式の寝殿造りの式殿が造営され、式殿中央に天皇の玉座《ぎょくざ》・皇后の御座《ぎょざ》が設けられた。

当日の天候は快晴であった。近衛文麿首相が寿詞《よごと》を読みあげた後、天皇の勅語が下《か》賜《し》された。「その神々《こうごう》しい御声に、参列の諸員は感激の余り、瞼《まぶた》に溢《あふ》れる涙拭《ぬぐ》いもあえず、恐懼《きょうく》にひれ伏した」と伝えている。

肇國精神發揚を御垂示

一億國民へ詔書を賜ふ

紀元二千六百年の佳節にあたり畏きあたりにおかせられては優渥なる詔書を一億國民に賜はつた

詔書

御名御璽

昭和十五年二月十一日

各大臣副署

内閣告諭

聖旨恪遵・時艱を克服

(二月十二日の「大阪毎日新聞」の一面記事)

皇紀 2600 年の紀元節に発せられた詔書

そのあと、近衛首相が式殿正面階下に進んで「天皇陛下万歳」を唱え、参列者全員が唱和した。

万歳の声と同時に、皇礼砲が轟《とどろ》き、全国のサイレンが鳴った。ラジオも合図を流し、全国民の多くが万歳を三唱した。式典は午前十時五十分に始まり、十一時三十五分に終了した。

「大東亜」構想と結びつく

十一月十日から五日間は、全国で禁止されていた旗行列・提灯《ちょうちん》行列・みこし・山車《だし》と昼酒が公認され、東京市内では花電車が走った。

永井荷風はこのお祭り騒ぎを、「このお許しは、年末にかけて窮民の暴動を起さんことを恐れしが為にて、来春に至らば政府の専横いよ〳〵甚だしくなるべし」と、日記に記している（『断腸亭日乗』十五年十一月七日付）。

奉祝事業を、いやがうえにも盛りあげようとする政府・支配者層と、その巧《たく》みな施策に乗って浮かされる民衆の姿を、荷風は冷やかに見ていたようである。

しかし、国民のなかにも、「はたして神武天皇とは」、という疑問を抱く人びとも少なからずいたと思われる。そこで政府は、青少年については学校教育を通じて、その啓発につとめた。その担当部局は文部省である。

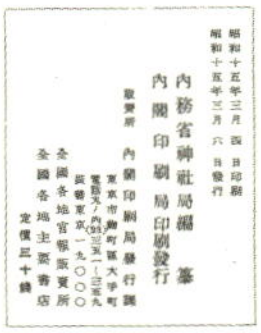
昭和十五年三月四日印刷
昭和十五年三月六日發行
内務省神社局編纂
内閣印刷局印刷發行
發賣所 内閣印刷局發行課
東京市麹町區大手町
電話丸ノ内(23)三五一〜三五九
振替東京一九〇〇〇
全國各地官報販賣所
全國各地主要書店
定價三十錢

いっぽうの内務省は、一般人に向けての啓発に当たった。内務省は、政府の実質的中枢機関で、対民衆行政を広く統括し、県治・衛生・地理・社寺・戸籍から警察、さらに国土・防空・集会など国民生活全般を統制していた。

そこで内務省は、昭和十五年三月に省内の神社局に『神武天皇御紀謹解』と題する書を編纂させて、全国の書店で販売させている。「定価三十銭」とあるので、教科書よりはやゝ高い。内容は、『日本書紀』の巻三以下の神武天皇についての記述を、〔語釈〕〔大意〕などに分けて、一般人に理解させるように努めている。その冒頭の「凡例」の記述内容の説明部分を引用すると、つぎのようである。

本書は紀元二千六百年に當って、神武天皇の御鴻《コウ》徳を瞻《セン》仰景慕し奉り、皇祖肇國の御精神を奉戴して愈々國民精神の更張振起を期せんがため、天皇の御紀卽ち日本書紀巻三を謹解し、更に附錄として官幣大社橿原神宮・同宮崎神宮の由緒竝に道府縣に於ける神武天皇奉祀神社の調査を收めた。

この凡例文からも、奈良県の橿原神宮と宮崎県の宮崎神宮が、とくに重視されていることが知られる。

また、この書の末尾には、「神武天皇奉祀神社一覧」として、道府県別に所在地を分けて約四百社を載せている。そのうちの、宮崎・鹿児島両県分を抜き出すと、つぎのようである。

宮崎縣

縣社	榎原神社	南那珂郡榎原村
同	東霧島神社	北諸縣郡高崎村
同	霧島東神社	西諸縣郡高原村
村社	奈古神社	宮崎市南方町
同	狭野神社	都城市五十町
同	平山神社	南那珂郡東郷村
同	中村神社	同　郡南郷村
同	飯森神社	東諸縣郡本庄町
同	劍柄神社	同　郡同　町

同　三宅神社　兒湯郡妻町
同　高千穂神社　西臼杵郡高千穂町
同　上野神社　同　郡上野村
同　熊野・鳴瀧神社　同　郡田原村
同　熊野神社　同　郡同　村
無格社　鎮守神社　兒湯郡東米良村

鹿児島縣

縣社　宮浦神社　始良郡福山町
郷社　河上神社　肝屬郡大根占町
同　高千穂神社　同　郡花岡村
同　鵜戸神社　同　郡始良村
村社　柏原神社　鹿兒島郡谷山町
同　八房神社　同　郡伊敷村
同　小鳥神社　同　郡西櫻島村
同　八坂神社　川邊郡西南方村

同　霧島神社　薩摩郡佐志村
同　大山祇神社　肝屬郡始良村
無格社　霧島神社　薩摩郡佐志村大字廣瀬
同　霧島神社　同　郡同　村大字田原
同　御社神社　肝屬郡高山町
同　熊野神社　同　郡同　町
同　加茂神社　噌唹郡大崎町

若い青少年層へは、学校行事を通じて神話や天皇に関係する教育が、盛りだくさんであった。小学校・国民学校の行事は記録類が戦災で焼失したなどで、正確には伝えられないが、県立第二高等女学校の昭和五年（一九三〇）の例から引用してみたい（『鹿児島県教育史』）。四月の新学期から、つぎのようである。

四月　三日神武天皇祭
　　　二十九日天長節拝賀式

三十日招魂社全員参拝

五月　十九日久邇宮《くにのみや》妃殿下（のちの香淳《こうじゅん》皇后）良子《ながこ》・信子女王殿下御台臨記念日

六月　二日三山陵参拝（一日遠足）

七月　十一日国旗制定記念日、講話

九月　二十一日秋季皇霊祭

十月　十三日戊申《ぼしん》詔書下賜記念日

十七日神嘗《かんなめ》祭

三十日教育勅語下賜記念日

十一月　三日明治節拝賀式

二十三日新嘗《にいなめ》祭

十二月　二十五日大正天皇祭

一月　一日拝賀式

二月　十一日紀元節拝賀式

三月　二十一日春季皇霊祭

以上の例からみても、行事は神話・天皇関係の行事が主となっている。

このほか、第一高等女学校（昭和十七年）・国分高等女学校（昭和八年）の学校行事には、神饌《しんせん》田田植、神饌園播種式・地久節《ちきゅう》なども見られる。「神饌」とは神に供える飲食物であり、「地久節」とは皇后の誕生日である。

ところで、宮崎にいわゆる「八紘一宇《はっこういちう》」の塔が建てられたとき、この文言は当時の時局を表わすものとして使われ出してもいた。

一九三七年七月に盧溝橋《ろこうきょう》で日本・中国の両軍の衝突で始まった支那《しな》事変（のち日中戦争）は、中国軍の強力な抵抗で長期戦の様相を呈していた。また、翌三八年七月には中国奥地張鼓峰《ちょうこほう》で日本軍とソビエト軍との衝突が起こり、日本は苦境に立っていた。さらに翌三九年五月には満州北西部満蒙国境（ノモンハン）で、日本軍はモンゴル人民共和国軍とソビエト軍戦車部隊の猛攻により、死傷者二万人を出す壊滅的打撃を受けていた。

いっぽう、アメリカは同年、日本の中国侵略に抗議して、日米通商航海条約の廃棄を通告（翌年失効）、以後戦略物資の禁輸・資産凍結など、対日経済圧迫政策を強めてきた。

八方ふさがりのなかで日本は、東アジアに新秩序建設をめざして、東南アジアへの進出を始めた。日・米の対立は深まるばかりであった。

このような時局に、「八紘一宇」は日本の海外進出を正当化するための標語ともなったのであった。

復活した「八紘一宇」の塔

「八紘《はっこう》」とは天下の四方と四隅のことであり、天下・全世界をさしている。「一宇《いちう》」とは大きな屋根であり、世界を一つの家にするとの意である。

この文言は、世界の新秩序にふさわしいと

され、いわゆる「大東亜」建設と結びつくことになった。

そのいっぽうで、『古事記』『日本書紀』の文献学的批判を行ない、神話の科学的解明につとめた津田左右吉《つだそうきち》は、不敬を非難され、『神代史の研究』をはじめとする著書は発禁となり、一九四〇年（皇紀二六〇〇年）に出版法違反で起訴された。

日本の前途には四方に暗雲が立ちこめていた。

第三部　川筋をたどる

七章　肝属川

肝属川、大河ではあるが、県庁所在地の鹿児島市からは見えにくい川である。大隅半島最大の河川であるから、歴史的・地理的に重要な役割を担っていたことは分っていても、とくにこの川に焦点をあてて関心を向けることは少なかったように思う。

ところが、鹿屋市の王子《おうじ》遺跡の発掘調査が、それまでの筆者の関心の度合いを一転させたのであった。いまから三十年余り前、一九八〇年代の前半のことである。

肝属川は、鹿屋市街地を流れ、旧市役所庁舎の横を流路としていたので、市民には親しまれ、「鹿屋川」と呼ばれていた。その上流の祓川《はらいがわ》に数十メートルにもなる橋脚が建てられ、バイパスの建設が進められていた。そのバイパス建設予定地の発掘調査で、遺物・遺構がこれまでに類例のない出土情報を聞いて筆者が見学に出向いた時に

王子遺跡の位置（▲印）

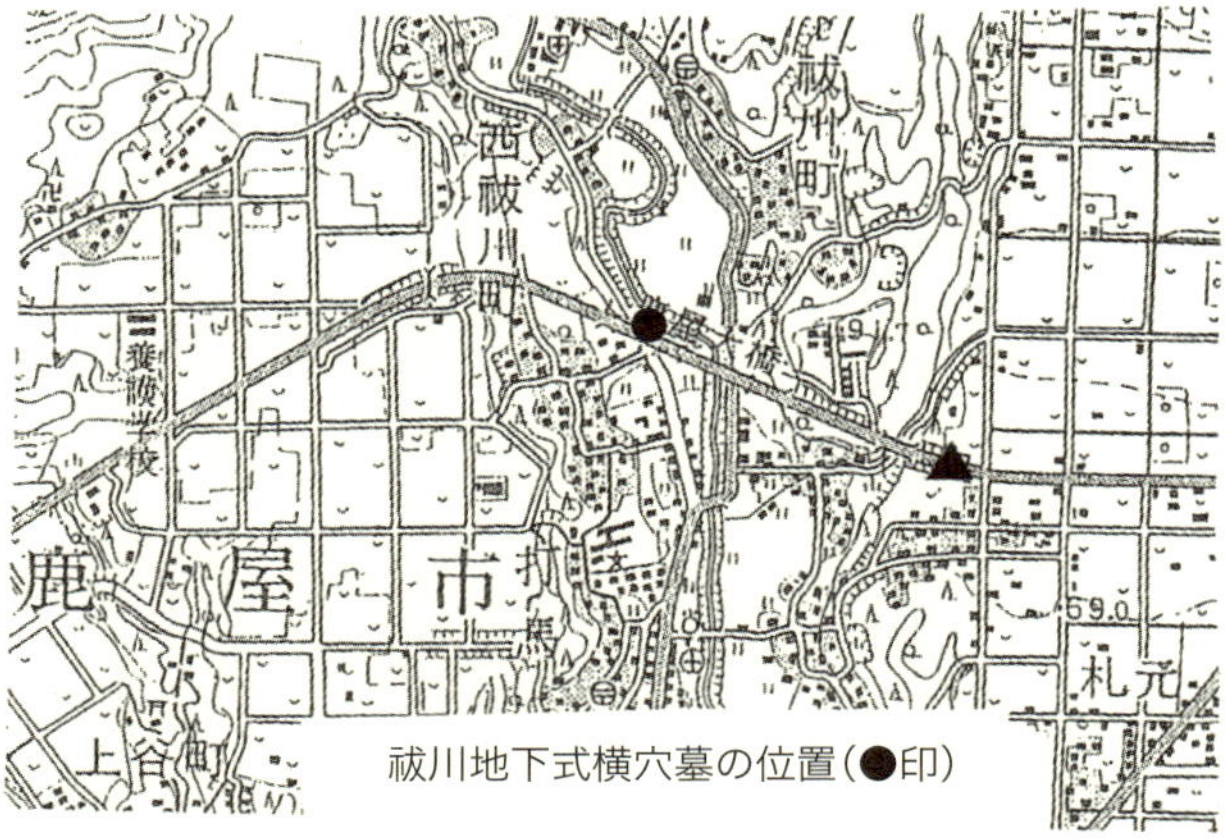

祓川地下式横穴墓の位置（●印）

は、道路工事はかなり進捗《しんちょく》していた。王子遺跡はその道路面に当たっていた。

発掘調査担当者から出土遺物を見せてもらい、その説明を聞いていると、考古学関係者を中心に遺跡保存の声が高まっている背景がよく理解できた。そのいっぽうで、遺跡の西側の祓川の谷底から築き上げている橋脚が目の前に迫っており、遺跡保存か、道路工事の継続か、どちらにしても難問題を突きつけられていることを実感した。

王子遺跡は弥生時代中期（紀元前・後にわたる時期）が中心で、ほぼ二千年前と推定されていた。まず、道路予定地の全面にわたって建物跡が検出されており（竪穴式住居跡と掘立柱建物跡が計四〇基前後）、そのなかに建物の中心線両外側に柱穴のある六例があり、おそらく両外側から上部の棟を支えるための棟持柱《むなもちばしら》が建てられていたと推定された。
棟持柱をもつ建物となると、現存するものでは伊勢神宮（内宮正殿）がある。伊勢神宮は七世紀に社殿が建てられたといわれ、その後も古い形式を守りながら二十年ごとに、いわゆる式年遷宮《せんぐう》が行なわれてきたと伝えている。

王子遺跡掘立柱建物跡実測図
（棟持柱の一例）

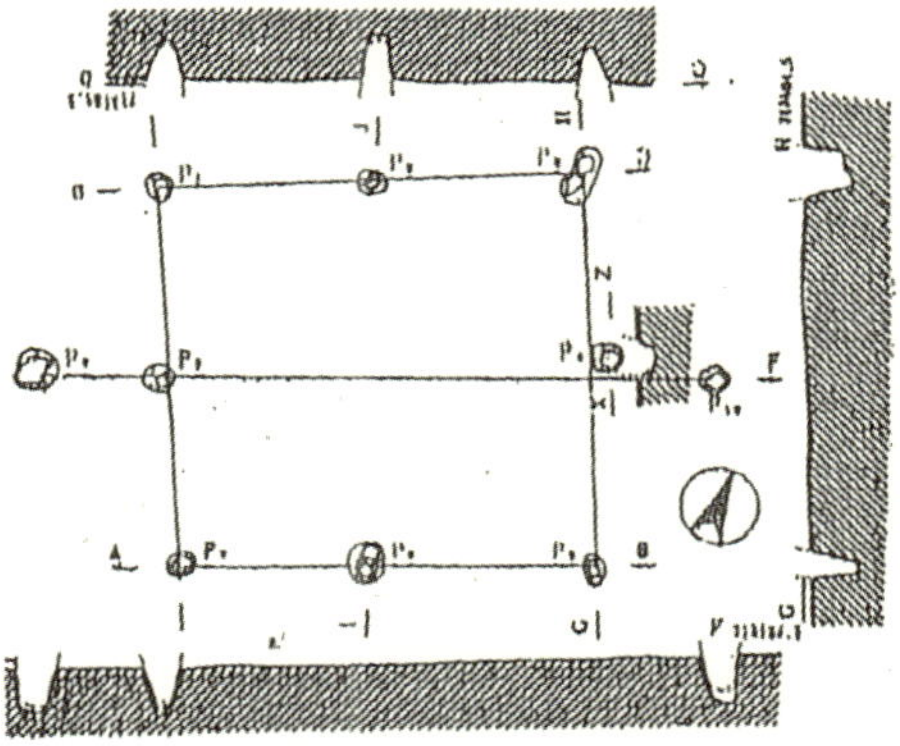

　その伝えにもとづくと、古い建築様式をいまに伝えており、棟持柱をもつ神明造《しんめいづくり》の構造で、その源流が王子遺跡で見出されたことになる。

　つぎには、樹皮布叩石《じゅひぬのたたき》と呼んでいる石器である。この石器は、木の皮を叩いて布を作る際に用いられる南方系の

伊勢神宮内宮正殿

棒状石器で、国内では珍しい出土品という。近年までインドネシアなどで使用され、伝統的布の製作用具であったらしい。

さらには、一部の土器に矢羽根の形をすかし彫りにした文様が見つかっている。ハート形を縦長にした文様で瀬戸内海沿岸で造られた土器にしばしば出土例があり、王子遺跡の出土品は、とりわけ四国の愛媛県の出土土器と酷似しているという。

王子遺跡への流入経路

このように見てくると、これまで県内の遺物・遺構では出土しなかった例が目立っている。となると、これらの新しい形式やその文化はどこから、どのようなルートで流入したのであろうか。

棟持柱の構造物は中国大陸・朝鮮半島でも見出されず、おそらくは東南アジアからの伝播ではないかと推測されていた。というのは、東南アジアでは、今でもときに棟持柱建築が見られるという。とすると、棟持柱と樹皮叩き石は南方系文化の流入とみてよいであろう。いっぽう、矢羽根形のすかし彫りは四国からの流入である。いずれにしても、海を渡ってきた文化で、それが肝属川を遡って、王子遺跡の地にもたらされたと推察される。

王子遺跡近くの西祓川町の地下式横穴墓から出土した衝角付冑《しょうかくつきかぶと》と短甲《たんこう》も注目されるものである。

いわゆる武具としての甲冑《かっちゅう》のセットである。五世紀末ごろの遺物として、現在鹿屋市教育委員会で修復保管され、県指定有形文化財に指定されて公開展示されている。

鹿児島県内では、この時期の短甲類の出土では唯一の例とされている。ところが、他にも筆者は埋没している短甲を実見した記憶がある。それは東串良町の唐仁大塚《とうじんおおつか》古墳の石室（石槨《せっかく》）内を隙間から覗き見たときに、石棺の外にやゝ変形した短甲らしいものがあったからである。

唐仁大塚古墳は前方後円墳で、県内最大の古墳とされている（長径約一八〇メートル）。その後円部の頂に竪穴式石室があるが、そこには大塚神社の社殿があり、社殿下に石室の蓋石《ふた》が露出していた。その蓋石には隙間があり、中が覗けたのである。一九七〇年（昭和四〇）前後ではなかったかと思っているが、その後再び見学に行った時には、その蓋石は修復されて密閉されていた。したがって、今となってはその記憶しか残っていない。

時々、その記憶から、あの短甲はその後どう処理されたのだろう、と気になっていた。しかし、掘り出されたという話も聞いていないので、おそらくはそのままになっているのではないだろうか。

肝属川の上流域と下流域

筆者が実見してきた二例の短甲は、奇《く》しくも肝属川の上流と下流の古代の墓所で埋蔵されていたものであった。そこには、肝属川という河川が大隅の歴史の展開のなかで重要な役割を果たしてきた、その一端が垣間見られたようである。

考古学研究者から仄聞《そくぶん》したことではあるが、県下の古墳から出土した古代の甲冑は五例を数えるという話である。そのうちの四例は、肝属川の本流あるいは支流域にあたるという。そのうちの二例を先にとりあげたのであるが、あとの二例は詳しい報告書もなく、まだ実物も明らかでないらしい。残念ではあるが、いまでは短甲類については肝属川の歴史的役割を、これ以上に高めることを断念せざるを得ないところである。

それでも、大隅では肝属川を無視して歴史を語ることはできない。古代ばかりではない。古代末期にこの地域に根をおろし、中世を主に活躍した肝付氏の勢力の強大さを語るにも、肝属川を抜きにしては歴史は矮小化《わいしょう》されてしまうであろう。また、中世にはこの川の河口部が倭寇の一大根拠地になっていたともいう。いっぽうで、この河口部は、波見《はみ》・柏原《かしわばる》の良港が交易拠点としても栄えたことが伝えられている。

話を古代にもどそう。

肝属川の上流域と下流域で短甲などの共通する遺物が見出されることがあっても、それをもってこの川筋の文化を一様に片付けることはできそうにない。

その様相をもう少し分析してみたい。まず、上流の祓川では地下式横穴墓（土壙）から短甲・衝角付冑が出土しているが、祓川一帯には今では他に地下式横穴墓の分布が見出されていないという。また、高塚が明らかな古墳も見つかっていない。いっぽうの下流の河口部に近い唐仁大塚古墳は、県下最大の前方後円墳である。したがって、両地域の墓制には大きな差異が認められる。また、唐仁大塚古墳の周辺には前方後円墳と円墳が分布し、古墳群を形成している。

肝属川水系では中流域から下流域にかかる旧高山町の塚崎古墳群では、円墳を主とする高塚古墳と地下式横穴墓が共存している。また、支流域の旧吾平町域には地下式横穴墓が分布しているので、肝属川水系では上流域と中・下流域では墓制に変化があり、塚崎古墳群の一帯が両墓制の接点の様相を呈しているようである。

両墓制の接点について、またその共存については、そこに興味を抱かざるを得ない。二つの勢力、あるいは文化が接触すると、どちらかが優越し、他方を圧迫し、やがては優越者側が弱者側を吸収・衰退させ、消滅させることになるのでは、と思いがちであるが、両者は共存していたのである。

両墓制のうち、封土を地上に高く盛る高塚古墳は畿内系の勢力であり、文化である。したがって、外部から入り込んできた侵入勢力である。それに対し、地下に主構造を築いた地下式横穴墓は在地系の勢力であり、在地系の文化を示しており、本来的に両者は異質の存在である。そのような二者が共存していたのである。その共存の実態はどのように理解できるのであろうか。

衝角付冑（左側面）

短甲（前胴）

両者の勢力の強弱を考えると、畿内系が優越していたと見るのは、まず妥当であろう。しかし、畿内系の勢力は在地系勢力を駆逐したり、滅亡させたりすることを基本的政略とはしていなかったようである。

といっても、両者はまったく対等な関係でもなかったとみられる。

畿内系勢力が九州にその勢力を伸張させ、その先端の一部は南部九州にまでおよんでいたことは、文献からも推定できるし、いっぽうで高塚古墳、とりわけ前方後円墳の分布の拡大からも裏付けられよう。その結果として、両墓制が大隅の塚崎古墳などで共存を生じさせているのであろう。

西都原・塚崎両古墳群

そこで、両墓制が共存している典型的な日向の西都原《さいとばる》古墳群を観察してみたい。肝属川水系の塚崎古墳群は、高塚古墳四三基（前方後円墳四基、円墳三九基）、地下式横穴墓約十一基である。それに対し、一ツ瀬川水系の西都原古墳群は総数三一一基以上のうち、前方後円墳三二基、方墳一基、円墳二六七基の多数の高塚古墳を数え、その中に地下式横穴墓十一基が共存している。なお、各古墳数は概数であり、なかでも地下式横穴墓は今後増加する可能性があるといわれている。

塚崎古墳群と西都原古墳群では、それぞれの所在古墳の数から見ても規模に差があることは明らかである。ところが、地下式横穴墓の数はほぼ同じである。したがって、地下式横穴墓の基数だけ見ると、両古墳群の差異は見えにくい。

しかし、地下式横穴墓個々の規模や副葬品、また墓室の築造法などを比べると、両古墳群の地下式横穴墓の性格には明らかな違いがある。その典型は西都原地下式横穴墓四号である。

この西都原地下式横穴墓四号には、筆者自身入った経験がある。梯子《はしご》を伝わって降りて、その墓室の広さにいささか驚かされた。いまから三十数年前のことである。計測によると、地表面より二・七メートルの深さのところに玄室の床面があり、玄室の形状は長方形をなし、長さ五・五メートル、幅二・二メートル、天井までの高さ一・六メートルと計測されている。天井は切妻《きりづま》屋根形の形状をなし、側壁は朱色に塗られていた。

調査時の副葬品は、碧玉《へきぎょく》製管玉《くだたま》十六、硬石製曲玉《まがたま》一、珠文鏡一、ガラス製丸玉一一五、ガラス製小玉六四、滑石《かっせき》製小型管玉一一、鉄製品では直刀五本、鉄鏃四〇～五〇本、短甲三領などで、五世紀中葉ごろのものと推定されている。いずれも豪華な品々で、西都原古墳群全体のなかでも出色の内容である。

さらに注目されたのは、この地下式横穴墓の上層は西都原一一一号の円墳であったことで、両者はセットで築造されており、地下式横穴墓のなかには上層に封土をもつ例のあることが明らかになったことである。なお、上層の円墳の直径は約二九メート

西都原地下式４号（地下式の上は円墳）

ルと推定されている。

地下式横穴墓が上層に円墳様の封土を築いている例は、旧日向の宮崎県内では旧東諸県《ひがしもろかた》郡国富《くにとみ》町六野原《むつのばる》や宮崎市下北方《しもきたがた》などでも見つかっており、在地系の地下式に、畿内系の高塚が導入されたものとみられる。

その点では、大隅の肝属川水系の塚崎古墳群では、高塚古墳に軽石製石棺を用いた例を除いては、両者が一体化した例は見出されていない。とはいえ、地下式横穴墓は地下に掘り下げて築造されていることから、掘り出された土を完成後の横穴墓の上に盛って塚状にしたであろうことは、容易に想像されるので、現在のように、地下式横穴墓の上部が多くの場合平面状であったとは考えにくいであろう。

地下式横穴墓の築造当時は、小規模な塚状の盛り土があったが、長い年月の間に土砂が風雨で流されたり、畑地化されて、平面状になり、その所在・痕跡などが発見しにくくなってしまったのであろう。

しかし、そのような塚状の盛り土と、円墳様の高塚の導入とは、明らかに異なっており、同じ地下式横穴墓であっても、日向のそれと、大隅のそれとは、異質である。

地下式の内部構造の違い

つぎに、地下式横穴墓の内部構造が両地域で異なっていることである。地表から竪《たて》坑《あな》を掘り、坑底面から横に羨道《せんどう》を短く造り、その奥に玄室《げんしつ》（墓室）を縦《たて》長、あるいは横長に造る事では共通している。その中で、肝属川水系地域では玄室に組み合わせ式の軽石製石棺を設置する例があるのは一つの特色である。しかし、玄室自体の内部構造には一部に天井が屋根形を思わせる例もあるが、目立った特色はない。

ところが、日向地域の地下式横穴墓では玄室は家屋形式に造られ、切妻《きりつま》天井・棟《むな》木《き》・束柱《つかばしら》などが浮き彫りや線刻され、ときには彩色された例などがしばしば見られる。したがって、死者の他界が地下にあるとする思想では両地域共通であるが、日向地域では死者は死後においても家屋で生活する、という考え方が強くあったようで、その点で両地域の他界観には違いも見られる。それは、肝属川水系の地下式横穴墓で、軽石製石棺に遺体を埋納する思考と比べることによっても明らかであろう。

つぎに両地域の地下式横穴墓で明確に異なるのは、副葬品である。日向の場合はさきの西都原古墳群の地下式四号で示したように、かなり豪華で、高塚古墳の副葬品と比較しても遜色はなく、なかには高塚古墳のそれを上回る内容もある。ところが、肝属川水系の地下式横穴墓の副葬品は貧弱で、刀剣類の出土も見られるが、鉄鏃類が主である。といっても、少なからず古墳は盗掘されたり荒らされているので、その全容がいまに伝えられているとはいえない。それらを踏まえた上で、ヤマト王権と南部九州との関係を、あらためて考えてみたい。

ヤマト王権と南部九州、あるいは東部九州とのかかわりについては、文献記録・史料の語るところは少ない。とりわけ、四世紀については「空白」状態で、しかもそれ以前については、中国の文献に散見するのを頼りにしているのが実状である。

その点では、考古学による調査・分析が参考に値する。なかでも、ヤマト王権の勢力拡大は前方後円墳の分布に象徴されるといわれている。

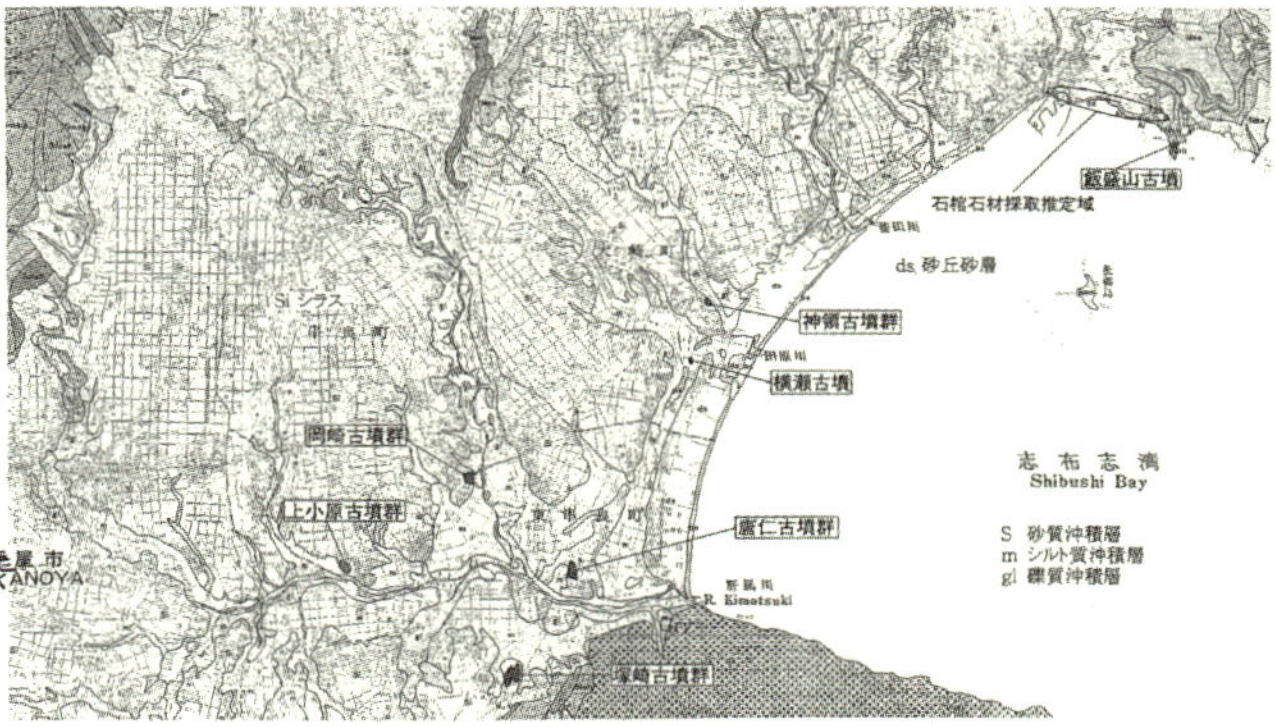

（鹿児島大学総合研究博物館「ニューズレター」No.22 より）

その状況を概観してみたい。

日向・大隅の地域に前方後円墳が築造され始めるのは、三世紀末葉とも見られている。北は小丸《おまる》川流域から、一ッ瀬川・大淀川・肝属川各流域、それにやや遅れて志布志湾沿岸部に分布するようになるが、それは四世紀に入ってからか、それ以後と見られている。

そこで、大隅地域にしぼってみたい。

大隅地域の前方後円墳で、その築造が早いのは塚崎古墳群の11号墳・16号墳で、それ以後に他の二基の前方後円墳や円墳が続くといわれている。したがって、志布志の飯盛山《いいもりやま》・東串良の唐仁大塚《とうじんおおつか》・大崎の横瀬《よこせ》などの諸前方後円墳も、塚崎古墳群よりは遅れて、四世紀末から五世紀代の築造という。

とすると、これらの高塚古墳の築造が日向から南部へ、あるいは南西部へと伝播したとする思考だけでは理解しがたいところがある。すなわち、日向の生目《いきめ》古墳群や西都原古墳群などの影響を受けて、地理的に近い志布志湾沿岸部の飯盛山古墳以下の諸古墳が順次築造されたという従来の見方では、大隅の高塚古墳の築造時期とその分布は説明しにくいことである。

大隅地域では塚崎古墳群の前方後円墳が最古となると、そこには日向から海上を迂回し、肝属川水系・肝属平野への伝播ルートの想定が浮上してくる。

それでも、四世紀末から五世紀代にかけては、志布志湾沿岸部から肝属平野の一帯は、畿内型の前方後円墳が日向を介して広く分布し、畿内勢力が南部九州にまで伸張していた様相を見て取ることができるようである。

畿内勢力と在地勢力

その畿内勢力と在地勢力との関係は、どのように理解したらよいであろうか。従来の研究者はしばしば、畿内勢力による在地勢力の「懐柔」という表現で説明するが、その実態にいま一歩踏み込んでみたい。

そこには、畿内勢力による在地勢力の独立性の容認があり、なかでも在地勢力の信仰・宗教を基盤とした文化の容認が見出されるはずである。高塚古墳群の中に異質の地下式横穴墓が並存することは、それを如実に示している。

在地勢力は地下に死後の世界を観念し、畿内勢力はそれを地上に観念しているが、一方が他方を排除した痕跡は見出し難い。そればかりでなく、西都原古墳群の地下式四号のように、地下式横穴墓を営みながら、上層には高塚古墳の外形を導入した折衷型ともいえる様式も出現するようになっている。

そこには、接触した他文化を受容するだけでなく、同化しようとする動きさえ見せている。それでも、死者に対する固有の観念や思想は持続させている。

このような状況を見ると、武力で優位に立つ側が勢力を伸張させても、弱者側の信仰・宗教というような精神面まで屈服させることは容易なことではなかったことであろう。

したがって、強者はそれが大きな障害とならない限りは、精神的側面は黙認せざるを得なかったといえそうである。

それでも、武力で優位に立った征服者は、服従した弱者との上下関係を安定させる方策を講じていた。

それは、服従した側の首長層を、征服者側の支配機構の中に取り込むことである。その様相を具体的に見ておきたい。

ヤマト王権（ある時期は河内王権）は、畿内に王権の基盤を据えて東西に勢力を伸張させたが、五世紀にはその軌跡が文字資料によって明らかになってくる。

東では、埼玉県行田《ぎょうだ》市の稲荷山古墳出土の金錯銘《さくめい》鉄剣に、「辛亥《しんがい》年（四七一年）」に「乎獲居《をわけ》臣」にいたる代々が「杖刀人《じょうとうにん》」の首《おびと》として王権に奉仕していたことが刻まれていた。

いっぽう西では、熊本県和水《なごみ》町の江田船山古墳出土の銀錯銘大刀にワカタケル大王（雄略）の世に、「无利弖《むりて》」が「典曹《てんそう》人」として王権に奉仕していたことが刻まれていた。

両者の辛亥年とワカタケル大王の世はほぼ同じ時期であり、五世紀後半にはヤマト王権が東西に勢力を伸ばし、服属した地方豪族が王権の下に出仕していたことが知られる。杖刀人とは武官と見られ、典曹人とは文官とみられる。

東西の豪族が杖刀人あるいは典曹人としてヤマト王権に出仕した以前に、日向の豪族諸県君《もろかたのきみ》牛諸井《うしもろい》も王権に出仕していたことが『日本書紀』などの記事から推察できる。さらには、牛諸井の娘、髪長姫《かみながひめ》が仁徳天皇の妃となり、その間に大草香《おおくさか》皇子・幡《はた》梭姫《びひめ》（のちに雄略天皇の皇后になる）などが生まれて、天皇家との系譜関係に組み込まれていることから、事実にもとづくと見てよいだろう。

そのいっぽうで、諸県君と同盟関係にあった肝属平野に勢力を張っていた大隅直一族が、仁徳天皇の皇子の一人住吉仲《すみのえなかつ》皇子の近習として出仕したり、雄略天皇の近習として出仕していたというのも、ほぼ事実と見てよいと思われる。このころのヤマト王権は拠点を河内《かわち》（大阪）に移していた。

八章　万之瀬川

万之瀬《まのせ》川は薩摩半島の中央部をほぼ西へ向って流れている。旧加世田市と旧金峰町の境界近くに、今の河口部はある。ところが、その川筋は一八〇二年（享和二）以前は、河口部が現在より南の旧加世田市小湊《こみなと》の小松原にあったという。したがって、河口部が西流するようになったのは約二〇〇年前のことで、それ以前には河口部では南西方向に流れていた。

それでも、以後の川筋がまっすぐになったわけではない。河口部を少し遡ってみると、南さつま市役所の付近には旧河道といわれている低地があり、またさらに上流の川辺町の中心街を歩いていると、かなり大きな橋を二度も渡るが、土地の人の話だと両方とも万之瀬川の架橋だという。

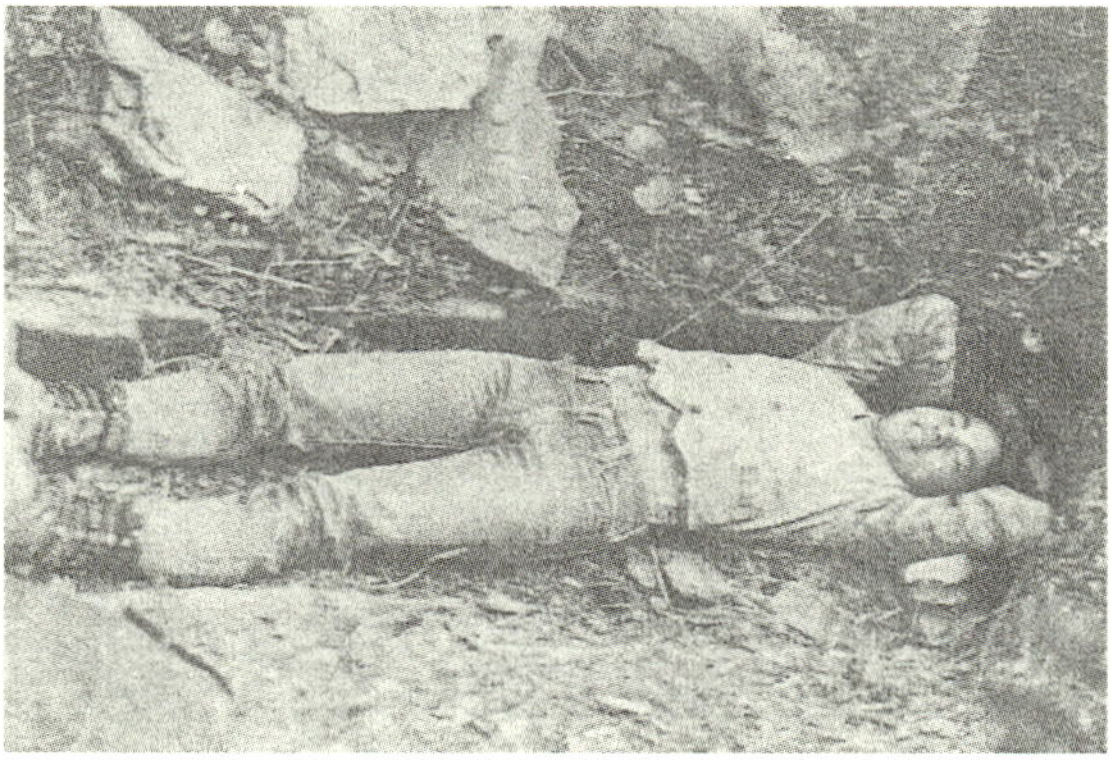
旧六堂会石棺（旧加世田市）

川辺の地名は「川《かわ》の辺《へ》」だというから、まさに万之瀬川の川添いであろうが、曲折する川筋と支流の多いことが実感できよう。旧加世田市・旧川辺町一帯を、文化財マップを頼りにして、あっち、こっちと探していると、そこにはいつも川との出会いがある。かつての、加世田・川辺はいうまでもなく、田布施《たぶせ》・阿多、さらには知覧の一部まで、万之瀬川の本流・支流は灌漑用水として田をうるおしていたというのもうなづける。

その旧川筋で注目される遺跡が、旧河口近くの奥山古墳である。この古墳は、最近まで「六《ろく》堂会《どうえ》古墳」と呼ばれていた円墳（径約十三・五メートル）で、早くから石棺が露出していた。

いまでは、内陸に入り込んだ所に立地しているこの古墳を、数十年前に考古学研究者たちと訪ねたとき、その中の一人が石棺の中に入り、仰向け状態になったところ、全身がすっぽりはまったので、皆で「伸展葬《しんてんそう》」に誂《あつら》え向きだと、囃《はや》したことを思い出す。

また、六堂会という地名は、かつてこの地域に六地蔵の類を納めた御堂があって、その由緒にもとづいた名でもあろうかと、あまり深くは考えてもいなかった。

「六堂会」とはどこ？

ところが、鹿児島大学総合研究博物館の橋本達也さんを中心としたグループによる再調査によって、その名称をはじめ、この古墳についての多くの新しい知見を得ることになった。その成果を、部分的に利用させていただいて、以下に所感を述べてみたい（『同研究博物館報告書No４』に依拠）。

まず驚いたのは、古墳の名称として冠せられている「六堂会」という地名が、小字名をはじめ、その近辺には見つからないというのだ。数十年の間、考古学研究者が使っていた呼称が実在しない地名だという。不思議なことがあるものだ。

この古墳をめぐっての研究史をたどると、一九四二年（昭和十七）以来用いられてきたというから、もう七十年にもなる。最初の報告書は、同年の『古代文化』（13―3）に掲載された。その時の「薩摩万世町六堂会古墳」の題での発表が、この名称使用の端緒であったという。

この古墳の所在地は、鹿児島県南さつま市加世田小湊《こみなと》五二六一番地で、小字名は「奥山」であった。以後、市当局の承認を得て、「奥山古墳」と名称が変更されることになった。

奥山古墳の実像

奥山古墳の築造は古墳時代の前期と推定され、その立地は万之瀬川の旧河口に近く、吹上浜砂丘が形成される以前は、入江状の港の好適地に面していたとみられている。同じような適地に立地する古墳は薩摩西岸部に、鳥越《とりごえ》古墳（阿久根市）・船間島《ふなまじま》古墳（薩摩川内市）・安養寺丘《あんようじがおか》古墳（同）などと分布し、古墳築造の背景には海を介しての首長層の存在が浮上すると見られている。

いまは奥山古墳に限定して調査結果をみると、この古墳の石棺構築法と石材が九州西海の天草地域に由来することが確認できるので、奥山古墳の被葬者は天草地域の首長層と密接な関係をもつことが想定できるという。

また、古墳から出土した土器も、在地の成川式土器様式のものではなく、古墳にともなう祭祀土器として移入されたもので、その故地には熊本県宇土半島基部地域が想定されるともいう。

このような報告を読んでいると、筆者にはかつて興味をいだいた九州最大級の豪族・肥君《ひのきみ》一族の姿が思い出されてくる。

肥君の末裔の一人、肥君猪手《ひのきみのいて》は七〇二年の筑前国嶋《しま》郡川辺里（現在の福岡県糸島半島）の戸籍に戸主として見え、嶋郡の大領《だいりょう》（郡長）でもあった。その猪手の家族は、古代の戸籍の中で最大で一二四名を数え、そのうちの三七名は奴婢《ぬひ》であった。

いまも正倉院文書として残るこの戸籍は、最古のものとして知られているが、残念なことに断簡《だんかん》（切れ切れになった文書）であった。ところが、筆者が大学院のとき教わった北山茂夫先生が若い時、バラバラになっていたこの戸籍を一連のものとしてつなぎ合わせ、大家族をみごとに復元させたのであった。この復元の端緒や苦労話など、北山先生の功業は、当時の古代史学界では伝説のように語られていた。その真相をご本人から聞き出そうとして、筆者はその機会を心待ちにしていたのであったが、いつもは饒舌《じょうぜつ》な先生は、この戸籍復元の話になると、なぜかあまり多くを語ることはなかった。

肥君は九州の北へ、南へ

閑話休題。さてその肥君は、その氏名《うじ》からみて、もとは肥後の豪族であったとみられる。その肥君の一族が七世紀末までには北部九州に勢力を伸張させ、八世紀初頭の戸籍に多数の奴婢を従えた郡長として痕跡をとどめたのであった。

その肥君の肥後における本拠地が、宇土半島の基部にあったといわれている。とりわけ、八代平野の中心部を貫流して八代海（不知火海《しらぬひ》）に注ぐ氷川《ひかわ》の流域である。とすると、奥山古墳の被葬者は、肥君一族か、肥君につながる勢力の一端が進出していた可能性も想定できそうである。

肥君一族が、八世紀前半には薩摩の北部、肥後に隣接する出水郡の大領となっていたことが、天平八年（七三六）の『薩摩国正税帳《しょうぜい》』で確認できる。正税帳では大領のほか、少領（副郡長）として「五百木部《いほきべ》」、その下の主政・主帳の二人も「大伴部」というように、肥後系統の氏名《うじ》が見える。となると、出水郡は肥後系の人物によって郡司が占められていたといえよう。そのような勢力の先端が、奥山古墳の地にまで伸びていたのである。それも古墳時代の前期という早い時期に。

しかし、奥山古墳の周辺には他に高塚古墳は見出されず、一代の首長墓のみで、連続してその勢力が持続されず、首長の系譜形成まではいたっていない。それは薩摩地域の首長墓に共通して概していえることである。

この点は、大隅地域の高塚古墳の分布と異なる特性である。いわば、大隅地域の高塚古墳の分布が面的展開を見せているのに対し、薩摩地域の高塚古墳は点的で終結している。奥山古墳もその一例である。

河口部は対外交易拠点

万之瀬川下流域は、古代末期から中世にわたっても、海外交易の拠点として重視されている。現河口から約四キロほどさかのぼった位置に立地する、旧金峰町宮崎の持《もっ》躰松《たいまつ》遺跡はその代表例である。一九九六年以降調査されたところによると、十一世紀後半期から十五世紀前半期ごろとみられる大量の中国製陶磁器を中心に、常滑《とこなめ》焼などの国内産陶器類が出土し、活発な交易活動の痕跡が見られた。旧加世田市側には唐坊《とうぼう》（現、当房）・唐仁《とうじん》（人）原《ばる》などの地名も残り、中国系住人の居住地と推定されている。

万之瀬川は、このように薩摩半島、とりわけその西岸部の歴史と深くかかわっているが、いまは、奥山古墳築造以前に焦点をあてて、その歴史を概観してみたい。

砂丘形成以前の地形

薩摩半島西岸部には砂丘が形成されている。いわゆる吹上浜と呼ばれている砂丘地帯である。その砂丘と、古墳時代以前の縄文・弥生時代の遺跡の分布は、どのように関連しているのであろうか。

砂丘形成以前の海岸線と、遺跡の分布を示す地図を掲出してみよう。

吹上浜周辺（縄文～弥生時代の遺跡分布）

（『黎明館図録』より）

一見して明らかなように、現在の弓状砂浜の海岸線とは大きく様相が異なり、縄文時代は各所に入江状の大小の湾入が形成されたリアス海岸である。一帯の遺跡は、その入江に沿うように分布している傾向が顕著である。したがって、各遺跡は海を媒介とした文化の流入が容易に想像できよう。

また、海岸には各所に岩礁があったようで、牡蠣《かき》などの貝殻《かいがら》もまじって採掘されるという。一帯の遺跡からは概して貝殻がよく出てくるらしく、後述の阿多貝塚の所在地は貝殻崎の地名で呼ばれる場所に立地しており、古くから貝殻の出ることで知られていたらしい。

そこで、いくつかの遺跡をとりあげてみたい。まずは、南部九州の弥生時代の開始期を知らせることで著名な高橋貝塚である。旧金峰《きんぽう》町高橋に所在する。いまでは海岸から約二・五キロ東の内陸部に離れているが、先掲の地図で見ると、深く湾入した入江の入口に立地しており、海からの文物が北から、南から流入するに恰好《かっこう》の場所である。その立地に似合わしい多様な遺物が出土している。いまは、遺跡地に神社（玉手神社）が建立されているので、同地に接近する道筋の目標にもなっている。

高橋貝塚

高橋貝塚の地に人が住みはじめたのは縄文時代の終りごろからで、夜臼《ゆうす》式土器の出土がそれを示しているが、もっとも注目されるのは弥生前期の遺物である。

とりわけ、石包丁・石鎌などの稲の収穫具とともに、底面に籾《もみ》痕のある土器の出土から早い時期に稲作が定着していたことが知られる。その時期は、朝鮮半島から北部九州に稲作文化が伝わってから間もないころとみられる。おそらく、南部九州ではもっとも早い稲作文化の伝来地と推定される。

いっぽうで、同時期に牡蠣殻を主体とする貝塚も形成されていることから、漁撈もさかんで、遺跡地一帯は生活適地であったとみられる。なお、鉄製品も出土しているが、腐食《ふしょく》が進んでいて形態の判別が困難だという。

さらに高橋貝塚で注目されるのは南海産のオオツタノハやゴホウラなどの大型貝を加工した腕輪などの出土である。なかでもゴホウラの腕輪は半加工の未製品が多く出土していることから、南海で採取された貝がこの地で粗製加工されて北部九州などに運ばれて、移出先の地でさらに精製加工されたのではないかと推定されている。とすれば、高塚貝塚の地は、南海と北部九州を結ぶ、中継地であっ

石包丁と籾痕（高橋貝塚）

支石墓（入来遺跡）

た可能性も考えられよう。

つぎに、旧金峰町宮崎上焼田《かみやきた》にある阿多貝塚をとりあげたい。一帯は「貝殻崎《かいがらさき》」と呼ばれるように、貝殻が古くから出土していた。最初の調査は昭和の初期で、さらに一九七八年（昭和五三）に調査され、縄文時代前期から古墳時代前期にわたる遺物が出土している。なかでも、筆者が注目するのは、北部九州系の甕棺墓《かめかんぼ》（二基）であり、北部九州との交流ばかりでなく、移住者の存在が推定されることである。

この甕棺墓に関連して、近くの下小路《しもしょうじ》遺跡から甕棺墓（合《あわ》せ口《くち》式で、南部九州では初出土）も見つかっており、隣接地の扁平な巨石と一体的に見ると、朝鮮半島南部系の支石墓《しせきぼ》が、北部九州を経由して導入されたと考えられることである。

支石墓は弥生時代の前期から中期にかけて北部九州に分布する墓制である。自然石

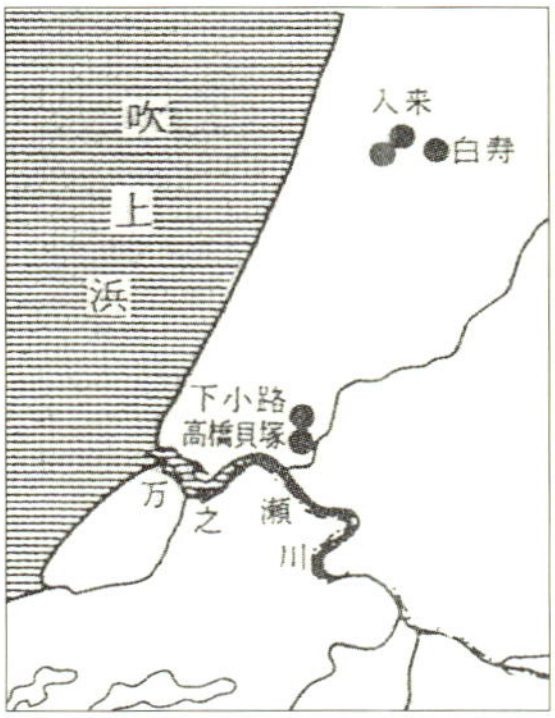

支石墓の分布

甕棺（下小路遺跡）

の支柱（支石）の上に大形の平石（撐石《しょうせき》）を戴せたドルメンとも呼ばれるもので、石の下や周囲に甕棺が埋納され、群在することが多い。

南部九州では、旧金峰町のほか、旧吹上町（白寿《はくじゅ》・入来《いりき》遺跡など）で、その痕跡が認められている。

このような支石墓の痕跡からしても、北部九州の人びとが移住して滞在していたとの想定は十分に可能であろう。

上加世田遺跡にヒスイ

つぎに周辺の注目すべき遺跡を見ておきたい。まずは、上加世田《うえかせだ》遺跡である。現、南さつま市の市庁舎の東方に立地している（旧加世田市川畑）。縄文時代晩期の集会場遺構である。

集会場遺構と推定したのは、全体が楕円形で、

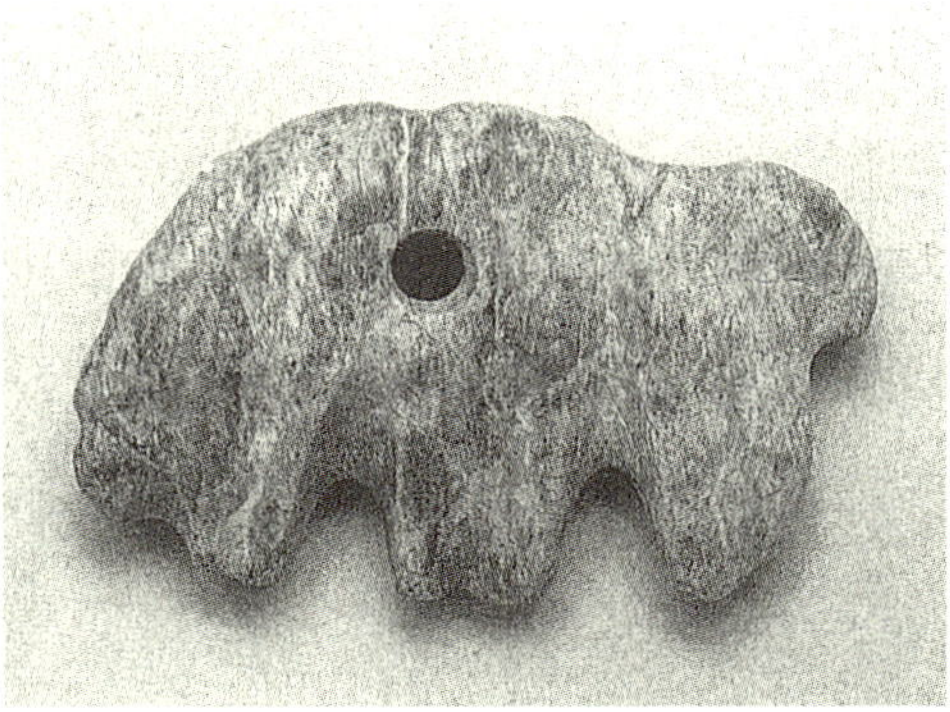
ヒスイ製勾玉（上加世田遺跡）

中心部が低い、いわば擂鉢《すりばち》状の形状で、出土遺物・遺構などから見ても、住居とは明らかに異なることである。

遺構は長径二三メートル、短径十六メートルの楕円形で、中心部の窪地の最深地点では二・一五メートルの深さがある。

遺構内から炉跡、埋め甕《かめ》、岩偶《がんぐう》を納めた甕、軽石を入れた甕などがあり、配石遺構のなかには石棒を立てたものが二基、遺跡一面に配置した岩偶、石棒が見つかっており、性器祭祀の信仰の場を思わせていた。

遺物ではヒスイの勾玉《まがたま》やヒスイの原石、攻玉《こうぎょく》用（玉類加工用）の砥石《といし》などが出土しており、ヒスイ原石の搬入ルートと加工技術の導入などに謎《なぞ》を残している。ヒスイの原産地は、いうまでもなく県内にはなく、新潟県が知られているが、そのような遠地からどのようにしてもたらされたのか。直接にか、間接にか。謎は深まるばかりであるが、わずかに謎解きの糸口が見え隠れする。

それは同遺跡から出土している土器に、東日本に分布する大洞《おおぼら》式の文様に類似したものがあり、その伝播ルートの解明が一つの糸口である。

なお、岩偶はいずれも妊娠した女性像を表現したとみられるものであり、石棒は男性をシンボライズしたもので、集会場が生産祈願の場であったことは明らかである。

「阿多」の刻書出土

つぎに、旧金峰町宮崎の小中原《こなかばる》遺跡をとりあげよう。この遺跡は、平安時代を主体とするが、縄文時代から中世にわたる複合遺跡である。

発掘現場は各地でしばしば見学させていただいたが、いつも思うのは発掘担当者の方がたは並大抵の体力ではもたないだろうと、その研究心と熱意に敬服してきた。寒風にさらされ、暑さに耐え、黙々と仕事を続けられている。

そのような日頃の思いのなかでも、小中原遺跡の発掘作業は感動的でさえあった。見学させていただいた日は、まさに炎暑であった。焼けつくような太陽の下で、背中

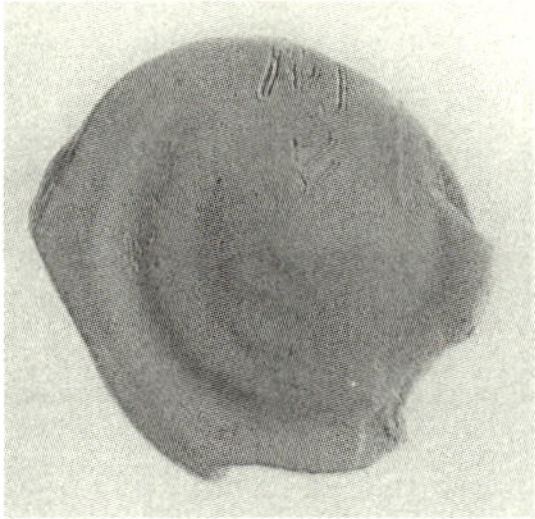

「阿多」刻書土器

小中原遺跡の発掘風景（旧、金峰町）。
背後は金峰山

には筵《むしろ》のようなものを背負うようにして身につけ、炎熱をいくらかでも避けるようにして作業を続けていた。
筵と見えたのは、近づいてよく見ると、いまでは姿を消した昔の炭俵《すみだわら》をひろげたものに似ていた。おそらくは、真夏の農作業で古くから用いられてきた炎天での耐暑法であろう。

そこで見せていただいた遺物もまた感動的であった。平安中期の土器片に「阿多」の文字が刻書《こくしょ》されて出土していたのである。『日本書紀』に記されている「阿多隼人」の本拠地の一角が、小中原遺跡の地で、明かされたのである。

八世紀以後は「阿多郡」となったのが、この一帯であった。その「阿多」の地名は、いまも公共施設、バス停などで、千数百年を経た今も使われている。

関西在住の著名なある学者は、その著書のなかで、「阿多の地名は消えてしまった」と述べているが、いまでも生きている地名である。ただ、古代よりはその地域が限定されてはいるが。

そこで、古代の「阿多」の地名と、その周辺をめぐる問題についてさぐってみたい。

『日本書紀』天武天皇十一年（六八二）七月に、大隅隼人と阿多隼人が朝貢した記事が見えるが、この記事以後「大隅」「阿多」の隼人の姿が具体的になってくる。南部九州の地名あるいは住民の呼称「隼人」もこの頃に定着してきたのであろう。

『日本書紀』では、天武朝より古い時期を記した一・二巻の神話のなかにも、南部九州の地名・人名などが記されているが、それらは七世紀後半から始まった『古事記』を含めた史書編さんの過程で、時期をさかのぼらせて造作したものであろう。コノハナサクヤヒメの別名アタツヒメや阿多君《あたのきみ》の祖（海幸彦）などがその例である。

それらの神話のなかで想定されている「阿多」の地は、万之瀬川下流域を中心とした、薩摩半島南西部である。この地域に八世紀に入って薩摩国に属する郡制が導入されると、阿多郡が設けられる。その配下に四郷が置かれた。鷹屋《たかや》・田水《たみず》・葛例《かれい》・阿多《あた》の四郷で、その読みは仮につけたものであるが、ほぼ順当であろう。

薩摩半島には概して小規模郡が多いが、阿多郡は四郷でも半島部では最大の郡である。郡の規模は、郡制以前の豪族勢力圏が継承されているとみられている。とすると、阿多郡の地域には、薩摩半島最大の豪族が盤踞《ばんきょ》していたことになる。その豪族が阿多君《きみ》であった。

霊山の信仰

阿多の地域の西には金峰山《きんぽうざん》が立地する。神の依《よ》りつく山、仏の寝姿などとも形容されるが、のちには修験道の行場《ぎょうば》ともされるように、神仏習合の霊山である。アタツヒメは、この霊山の巫女《みこ》ともされているが、神話では高千穂に降臨したニニギノミコトが、その美貌に一目惚《ひとめぼ》れして、求婚している。

また、阿多の南西には野間岳《のまだけ》が西海に突き出た半島の先端に雄姿を見せている。航海神を祀るともいわれるように、南から、あるいは西から、この地をめざす船の航路目標ともなっている。この山もまた、阿多地域の霊山であった。

野間岳の八合目付近には野間神社が鎮座している。祭神は日向神話に登場するニニギノミコト・ヒコホホデノミコト以下多彩であるが、いっぽうで、中国の航海神である娘媽《ろうま》神とする説もあり、その神名からノマ（野間）の名がついたともいわれる。

（注記―本稿の写真の一部は河口貞徳著『日本の古代遺跡　鹿児島』より転載）

九章　川内川（一）

川内川は鹿児島県随一の大河である。

熊本県球磨《くま》郡に源流を発し、宮崎県えびの市をめぐって、鹿児島県に入る。その後、旧吉松町・旧栗野町・旧菱刈《ひしかり》町・旧大口市・旧薩摩町・旧宮之城町などを経て、薩摩川内市の中央部付近を長々と貫流して、東シナ海に注ぐ。

三県にもまたがるその流域では、それぞれの地名をとって、真幸《まさき》川・菱刈川などとも呼ばれているが、単に「大川」と呼んでいる所もある。

さらには、センダイの用字も「千台」「千代」などが用いられた時代があったようで、いまも薩摩川内郷土史研究会の機関誌名は『千台』であり、号を重ねているが、各号の内容も誌名にふさわしく、読みごたえがあるものとなっている。

「千台」も「千代」も嘉字・好字で、一般的な平凡な地名ではないが、江戸時代中期以降は「川内」で通用してきたらしい。しかし、音読みのセンダイは通用しがたいところもあって、時に誤読もされるという。まして、方言で「センデ」といわれると、とまどうことも。

形態の異なる流域の古墳

川内川は筑後川に次いで九州第二の河川でその流路の延長が一三七キロあり、源流の肥後・球磨郡の山地は別にしても、流域の平地部では多様な歴史と文化をはぐくんできた。

古墳文化の様相だけを概観しても、下流域では高塚古墳が、中流域では地下式板石《いたいし》積《づみ》石室（石廓《せっかく》）墓が、上流域では豊かな副葬品を伴なう地下式横穴《よこあな》墓がそれぞれ分布しており、それぞれの流域の墓制の形態もまた一様ではない。

下流域の高塚古墳を見ると、船間島《ふなま》・御釣場《おつりば》・安養寺丘《あんようじおか》などが代表例であり、なかでも船間島古墳は原形をとどめていて、いまでも石室の状況を見ることができる。船間島古墳は川内川の河口右岸の標高約二六メートルの小丘の頂部に立地している。その名称からして小丘は島であったが、埋め立てによって右岸部と陸続きとなり、さらに河口大橋が架設されたため、そのたもとに位置している。

古墳の石室は地下式板石積石室に類似しているが、島の頂部に造られた直径十七メートル、高さ二メートルの円墳で、石室は竪穴《たてあな》式石室で内部は朱が塗られていた。出土遺物の報告例がないため、明確な築造時期の手がかりが得られていない。

船間島古墳遠景

蛇行剣の意味するところ

つぎに、地下式板石積石室墓で注目される例をとりあげてみたい。その一つは薩摩川内市の上川《かみせん》内《だい》に近い地にある横岡古墳である。南北約九五メートル、東西は十四～三三メートルのヒョウタン形の地形の独立丘陵で標高は七メートルほどである。そこに二〇基ばかりの石室墓が分布してい

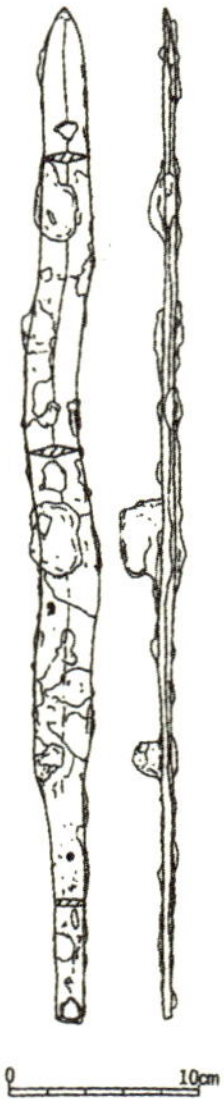

蛇行剣実測図
（横岡出土）

る。

調査は一九二三年から翌年にかけて一回目が行なわれて以来、五回におよび、一九九六年には「横岡古墳公園」として整備されている。

一回目の調査は大正末年であったから、県内のこの種の調査としては早い例であった。当時第七高等学校助教授であった浜田徳治らが調査を実施し、墓室内から金環・銀環・兜《かぶと》・鉄刀・鉄剣・鉄鏃《てつぞく》《（やじり）》などの遺物が出土したが、その詳細な記録は残っていない。

その後の調査で注目されるのは、七号墓から蛇行剣《だこうけん》が出土したことである。その名のごとく、剣身（全長五六・六センチ）が二か所で軽くS字状に曲げられている。切っ先は鋭くとがり、全体に細身である。地下式板石積石室から出土した初例である。

蛇行剣の出土は全国的には珍しく、栃木県・長野県などで出土例が報告されているが、南部九州では宮崎県下の地下式横穴墓などから、ときに出土しており、出土例は南部九州に偏る傾向がある。

かつて、奈良県立橿原考古学博物館の泉森《いずもり》館長を訪ねたとき、奈良盆地の南東隅から蛇行剣が出土したことを、やゝ興奮気味に筆者に語ったことが思い出される。泉森さんによると、記紀が記す日向から大和への神武東遷の話の、一つの裏付けが得られたのではなかろうか、というのである。

興味ある話であったが、その時は剣を見せていただくだけで、相応の感想を述べるまでにはいたらなかった。気になったのは、横岡古墳出土の蛇行剣は五〜六世紀の年代が想定されており、神武東遷が歴史的事実を反映しているとしても、時期的整合性がすぐには見出せなかったことによる。この問題については、いまでも宿題としてかかえたままである。

蛇より龍か

ところで、なぜ蛇行形の剣を作り出したのであろうか。武器としての剣の機能であれば、真っ直ぐの方が効率が良いと思われる。それをわざわざ蛇行形にしたのは、それなりの意味があってのことであろう。それは刀剣が本来的に具有している呪術性に求めるのが、古代人の思考に接近できるように思われる。

そこには、おそらく水の精としての「龍」に期待する古代人の心情がはたらいているのであろう。龍は雲雨を自在に支配する力をもつとされていたから、降雨を祈り、洪水を防ぎ、湧水の恵みを願う呪具としての機能が期待されていたとみられる。

横岡古墳の地は、小丘陵地で地形的には洪水の害を避けられそうであるが、そこは墓域であって、居住地・耕作地はその周辺に所在していたとみられる。そこには高城《たき》川が流れており、その高城川は川内川に流入するのであるが、豪雨になれば水害の可能性も少なからずあったと推測される地域でもあった。そのような地域性が蛇行剣を埋納させる背景にあったのであろう。

周溝をもつ地下式墓

つぎに、旧吉松町の永山古墳と呼ばれている地下式板石積石室墓群の特異な様相を見ておきたい。

この古墳群の情報をいち早く筆者に知らせてくれたのは、地元の開業医林昭男さんであった。林さんは地元の歴史研究グループ「つつはの」会を統率されている考古学研究者で、同グループと同名の機関誌を定期的に刊行されていた。「つつはの」は吉松町地域の中世初頭以降の古称である。文献では、「筒羽野」と表記され、一一九七年の『大隅国建久《けんきゅう》図《ず》田帳《でんちょう》』がその初見ではないかと思っている。

永山遺跡の発掘（1973 年 8 月）、中央が周溝墓

吉松町に出かけて、林さんの案内で古墳を見学させていただいた。

古墳群は、地域一帯を滔々《とうとう》と流れる川内川の右岸に立地しており、林さんの話では地下式板石積石室が一〇〇基以上は分布しているとみられるとのことであった。しかし、実際に発掘調査できたのは一〇基余りで、そのなかで一〇号墳が特異な構造で、注目されていた。

一〇号墳は、周囲に周溝が巡っていたのである。周溝は内径七メートルばかりの円形で、その周溝は幅三〇～六〇センチ、深さ一五～四〇センチで巡っており、溝の中に壺《つぼ》形土器など九個が置かれていた。おそらく死者への供献用のためであったとみられる。土器は成川《なりかわ》式であり、五世紀中ごろと推定されることから、同じ地下式板石積石室墓に葬られる人物の間でも、このころには階層の分化が進みつつあったことが知られる。

なお、現在（二〇一四年九月）発掘調査中の大崎町永吉天神段《てんじんだん》遺跡でも弥生時代中期の円形周溝墓が出土し、注目されている。

これらの地域は、日向との国境近くにあり、日向の進んだ文化との接触がこのような階層分化の進行を生ぜしめたと考えられる。

両地下式墓の共存

川内川流域でも、旧大口市・旧菱刈町・旧栗野町・旧吉松町などの地域では、地下式板石積石室墓ばかりでなく、しばしば地下式横穴墓と共存している場合がある。

地下式横穴墓は、その分布の中心が日向（一部は大隅）にあるので、その分布の一端が川内川の上流域から拡大して分布したものとみられる。それらの地下式横穴墓のなかで、大口市瀬ノ上・菱刈町灰塚では蛇行剣が出土していて注目されるが、地下式横穴墓からの一般的出土品は鉄鏃が圧倒的に多く、その他では刀・剣などの鉄製武具が主体である。その点では、さらに上流のえびの市の地下式横穴墓の出土品の、多様で豊富な例と比べると、概して貧弱である。

ところで、川内川流域の古墳文化は下流域・中流域・上流域で、見てきたようにそれぞれにかなり多様である。その多様性はどこから来るのであろうか。

それは、この川内川が流路延長一三七キロあり、しかも流路が東西に長く、南部九州の東西の文化がこの川の流路の各地域で、それぞれの古墳文化の一端を垣間《かいま》見せているからであろう。

南部九州の東西において、古墳文化の流入系統は一様ではない。まず、畿内型高塚古墳の伝播経路を見ると、九州東岸では豊前から豊後を経て日向に入り、日向から大隅へと伝播したとみられるが、それもあまり時期的間隔をおかず分布を拡大させている。

地下式板石積石室墓の一例（旧大口市焼山）

いっぽう、九州西岸では肥後から薩摩へと伝播しているが、薩摩では日向・大隅ほどの分布の密度はなく、その密度も川内川河口部を南限とし、それより南はわずかに点在する程度である。いずれにしても、薩摩では前方後円墳はまれで、円墳を主にしている。

高塚古墳は南部九州では明らかに外部から伝播した墓制であるが、しばしば在地性が強いといわれている両〝地下式〟の墓制はどうであろうか。

遺体を地下に埋納するという思想は、南部九州ばかりでなく、全国的に見られるので、特異とか固有とかするほどのことではないであろう。

ただ、地下式板石積石室の場合は類似の墓制が九州北西岸・西岸に分布しており、とりわけ五島列島などに時期的に古いものが分布しているという。福江島・平戸島・佐世保市などの類似の墓制は、副葬品などから見ても弥生時代の遺跡であり、また鹿児島県内でも旧高尾野町の堂前《どうまえ》古墳群は地下式板石積石室墓に類似の構造をもっており、副葬品に弥生時代後期の免田《めんだ》式土器が出土していて、この墓制の県本土への伝播の時期を示唆している。

このように見てくると、地下式でも板石積石室墓の場合は、九州北西部から、西岸部を南下し、その一端が川内川流域に広がり、さらには旧吉松町の永山遺跡の周溝墓をもつような構造にも発展した場合もあったことが考えられる。

なお、板石積石室の源流は朝鮮半島の支石墓《しせきぼ》に求められるという説もあり、この墓制の早い時期のものが五島列島など九州北西岸地域に見出されることからすると、納得できる点もある。

隼人が五島列島に出没

『肥前国風土記』は、西海道《さいかいどう》（九州）各国の風土記が散逸しているなかで、豊後国とともに不完全ながら現存しており、古代の貴重な情報を伝えている。その風土記の「松浦郡」の条に、「値嘉《ちか》の郷《さと》」（現在の五島）について、つぎのような一文がある。

此の嶋の白水郎《あま》は、容貌、隼人に似て、恒《つね》に騎射《うまゆみ》を好み、其の言語は俗人《くにひと》に異なり。

とあり、隼人（おそらくは薩摩隼人か）がときに五島付近に移動して海人《あま》（白水郎は中国で海人のこと）として、漁撈を行なっていたらしいのである。おそらく、川内川河口周辺や九州西岸沿いの薩摩地域の住民は古くから海に乗り出して漁撈ばかりでなく、交易にも活動していたのであろう。その結果、相互に九州各地にその拠点を設けていたのではないかと思われる。そのような拠点の一つを、『肥前国風土記』は描写しているとみられる。地下式板石積石室墓がこの地域に広く分布しているのも、風土記のこのような記述を背景に置くと、さらに伝播ルート解明への理解が深まるであろう。

地下式墓の被葬者を考える

つぎに、地下式板石積石室墓が出土する遺跡の状況を観察して、いつも脳裏をかすめる問題について少し述べてみたい。

それは、この墓制は群在して、ときに一〇〇基とか、あるいはそれ以上におよぶ場合があるといわれることである。これらの石室墓は、高塚古墳に比べると概して小規模ではあるが、その築造には相応の労働力が必要である。また、鉄鏃・刀剣などを主とする副葬品が、多少の差はあっても、それなりに埋納されている。

したがって、被葬者は共同体のなかで一応の地位にあった人物を想定するのであるが、その数の多さはどのように理解すればよいのであろうか。

一つは、この墓制が同一地域で営まれた期間が長期にわたるため、幾世代にもわたって共同体の墓地として維持された可能性を想定するのであるが、発掘調査から知られることは、数世代は想定できても、それ以上を想定することは困難だとされている。

ついで考えられることは、南部九州の豪族は、ごく一部の場合を別にすれば、大勢力を有する例はまれで、多くの場合は小地域で勢力を張る小豪族が大部分で、とりわけ薩摩地域でその傾向が顕著に見られる。その点では、小豪族の墓制と考えれば、それ相応とみられる。それでも、その墓の数の多さの理解には不十分で、いまだ筆者はとまどいの解消にはいたっていない。

いっぽう、同じ地下式でも横穴墓の場合は、板石積石室墓ほどの密集例は少なく、またその規模においても多様である。とりわけ、川内川上流のえびの市一帯に所在する横穴墓は、規模ばかりでなく、副葬品も豊富で高塚式古墳のそれを上まわる例も少なくない。その点では、板石積石室墓の場合とは差異がある。なお、鹿屋市串良町の立小野堀で地下式横穴墓が一七〇基以上出土したとの報道（二〇一三年一月）があり、その後の報告書で詳細を期待しているところである。

薩摩国府跡調査の問題点

川内川沿いの史跡のなかで、もっとも注目されるのは、やはり薩摩国府跡であり、また国分寺跡であろう。隼人の地におかれた二か国の国府のうち、大隅国府跡が旧国分市府中一帯と見られながらも、その細部において推定の域を出ない現状では、薩摩国府跡の調査は隼人国の国府の状況を知る上で重要な意味をもっている。

薩摩国府跡の調査は、一九六四年（昭三九）から一九六七年にかけて三回行なわ

薩摩国府推定域

れている。その結果、旧川内市の北側の六町（六五四メートル）四方が国府域で、その中心部の二町四方が国庁（国衙《こくが》）域であったと推定された。

　この国庁域推定地に接する北側からは、建物の柱穴跡や墨書戯画土器・風字硯《ふうじけん》・滑石《かっせき》製石鍋《いしなべ》・金銅《こんどう》製金具なども出土している。これらの遺構・遺物からみると、この一帯に国庁があったとみるのは妥当性がある。

　しかし、それらの遺物などから年代を比定すると、八世紀後半以後である。薩摩国の成立は八世紀の初頭である。その間の年代のへだたりをどう考えるかの問題が残されている。

　問題は残されたまま、その後の調査は五十

年近く行なわれないままである。その間に、各地で進められた国府の調査状況などから得られた知見を勘案すると、薩摩国府の調査の今後の課題が、しだいに明確になってきた。

その課題のうち、まずは文献による薩摩国の成立との時期的ズレである。八世紀を記した史書『続日本紀《しょくにほんぎ》』によると、薩摩国の前身である「唱更国《しょうこうこく》」の成立は七〇二年である。また、その後「薩摩国」に改称されたのは七〇九年までの間である。ところが、発掘調査によって、遺構・遺物が確認できる時期は、それより五十年、あるいはそれ以上遅れている。おそらく、薩摩国の成立当初の国府域は、別の場所にあったと推定できそうである。

国府が時期によって移動することは全国的に知られている。西海道（九州）でも肥後・筑後などでは数か所にわたって国府域が移動したとみられており、肥前でもその可能性が指摘されている。薩摩国府もおそらく移動したとみてよいであろう。

では、当初の国府はどこにあったのであろうか。それもおそらく旧川内市かその近辺で、川内川の北側と推定しているのであるが、いまだにそれらしい情報は得られていない。

そのようななかで、江戸時代以来の国府域伝承地が気になっている。そこはJR上《かみ》川内《せんだい》駅の東に隣接した「屋形ヶ原《やかたがはら》」の地である。現在の国府推定域の北方、約一キロ付近である。地名の「屋形」は「館」にも通じるので、国府にふさわしいようにも思える。

伝承は、藩主島津斉興《なりおき》の命によって編さんされた『三国名勝図会《ずえ》』に載せられている。この書は一八四三年（天保十四）成立で、藩領の薩摩・大隅・日向（諸県《もろかた》郡を主）三国の地誌ともいうべき内容である。

同書は、「屋形ヶ原」についてつぎのように述べている。

往古薩摩国の都府にて、国司館所の遺墟《いきょ》ならん。地形高広平坦、四方斗絶なり。

説明文の主要部のみ引用したが、述べようとするところは、ほぼ理解できるのではないだろうか。地形は高台状で上部は方二〇〇～三〇〇メートルの平坦地で、四方は絶壁状である。

『鹿児島県史』（第一巻、一九三九年刊）もこの説を引用しているが、一九六〇年代の国府調査が進行するにつれて、「屋形ヶ原」はかえりみられなくなり、調査も実施されないまま、ついには住宅地として造成され、台地状地形は変形され消滅してしまった。

じつは、この台地および近辺からは一九七五年と一九八六年に蔵骨器が出土している。前者は「屋形ヶ原」の一角で出土し、土師器《はじき》製で平安時代後期のものと推定されている。

また後者は上川内駅から北東へ約五〇〇メートルに位置する「瀬ノ岡」と呼ばれている台地で農工業団地造成工事中に発見され、埋納施設の一部は破損していた。蔵骨器は須恵器《すえき》製で八世紀後半に位置付けられ、「越《こし》ノ巣《す》火葬墓」と名付けられたが、この遺跡の報告者は、一九六〇年代の三回の調査によって国府域は、「現在ではほぼ定説化されている状況であるが、越ノ巣火葬墓の発見は、屋形ヶ原一帯の歴史を再考する上で、貴重な資料といえる」と記している。

筆者も、この指摘を重視している。じつは、越ノ巣火葬墓発見以前に、「屋形ヶ原」の調査の重要性を拙著で説いたことがあったが、その反応は少なかった。

つぎには、国府は六町四方、あるいは八町四方で築造されるという学説が、当時は定説のように唱えられていたが、その学説をそのまま薩摩国府に適用して想定したことへの疑問である。

薩摩国府域の発掘調査は三回にわたっているが、発掘箇所が計一〇か所で、いずれも小規模であり、いわば点的発掘で終わっている。この程度の発掘調査で、六町四方の国府域を想定し、しかも調査終了とするのは早計の感をまぬがれないであろう。

墨書戯画の物語

ところで、薩摩国府域からの出土遺物のなかで、土師器埦《わん》に描かれた二点の戯画は興味をひくもので、当時の国府官人周辺の一面をのぞかせている。

一点は、乳房もあらわに戯れる女人、その側で呆気《あっけ》にとられて見つめる女性が描かれている。他の一点は烏帽《えぼ》子《し》姿の国府官人らしき人物が紐《ひも》でつな

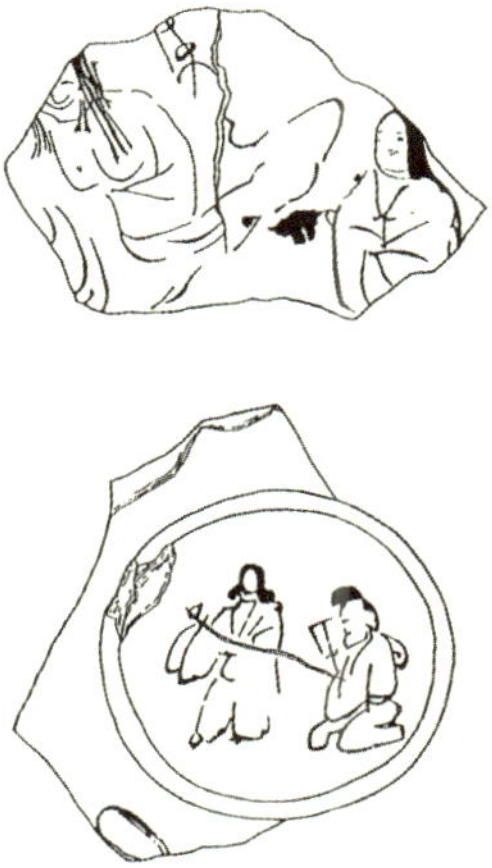

墨書戯画（国府跡出土）

いまだ発掘調査が進まず、宅地の一角に石碑のみが。

がれ、女性がその紐をあやつっているように見える画である。その筆法は、女性はいわゆる引目《ひきめ》鉤鼻《かぎはな》の手法が用いられており、平安期の絵巻物の描法が、八世紀後半にはすでに存在していた可能性を示唆していよう。

ところで、この二点の戯画から国府官人の私生活の一場面がのぞけそうである。

乳房をあらわにしているのは、国府官人をめあてに白拍子《しらびょうし》か遊女《あそびめ》の類であろうか。その女性の妖《なまめか》しい姿に浮かれた官人が、女性の媚《び》声《せい》にひかれて接近したところを、妻に見られてしまったのか。あとの展開はご想像を。

十章　川内川（二）

都が平城京《へいじょうきょう》であった八世紀の中ごろ、人々は伝染病《でんせんびょう》に苦しみ、貴族《きぞく》の反乱《はんらん》もおこるなど、世の中が乱れました。

この時期に政治をおこなっていた聖武天皇《しょうむてんのう》は、人々に対して次のようにうったえました。

〔聖武天皇の願い〕

わたしは、仏教の力で国じゅうが幸せになることを願っている。（省略）大仏づくりには、みなにも心をこめて協力してほしい。

こうして聖武天皇は、全国に国分寺《こくぶんじ》と国分尼寺《こくぶんにじ》を建てるように命じ、都には大仏とそれをまつる東大寺をつくろうとしました。

この読みやすい文章は、現在ある出版社から出されている小学校六年生用の教科書『小学社会 上』の、「2 貴族の政治とくらし」の一部分で、奈良の大仏や全国の国分寺がつくられるときのようすを述べたものである。同じページには、聖武天皇の肖像画と生存期間（七〇一～七五六）、および全国地図を旧国別に区分して、それぞれに国分寺の建物が描かれている。また、左ページには東大寺大仏殿と大仏の写真がのっている。写真・図はいずれもカラーである。

文章・図版ともによく工夫されたようすでわかりやすい内容である。記述のキーワードを三つあげるとすると、聖武天皇・大仏・国分寺であろう。

しかし、小学校の子どもたちには誤解も与えそうである。というのは、この地図の国分寺は旧国別にすべての地域に建物が描かれており、聖武天皇のときに、全国一斉に国分寺が建ったように見える。そしてまた、建てられた時期は聖武天皇の生存期間と勘違いされそうである。

さきに述べたように、聖武天皇の肖像画と地図は同じページで上下に配置されているので、両者が同時代と見られても仕方がないであろう。

地図の上では鹿児島県にあたるところの薩摩国と大隅国にもそれぞれ国分寺は建っているのである。そこで、あらためて、薩摩・大隅両国の国分寺建立の状況をのぞいてみたい。

難航する国分寺建立

薩摩・大隅両国の国分寺跡の調査は、薩摩国分寺の発掘調査が先行し、大隅国分寺跡は遺跡周辺の道路や建造物などとの関係など、諸事情がかかわって、これまでの調査ではいまだ全体像がつかみにくい状況である。したがって、ここでは薩摩国分寺跡の調査による知見と、文献によって知ることのできる事実とを総合して、日本列島南端に位置する国分寺の建立とその運営について述べてみたい。

薩摩国分寺跡は、早くから塔跡の礎石などが残存していたことから、その所在の場所はほぼ確認できていた。したがって、一九四四年には国の史跡指定を受けている。

しかし、本格的な調査が始まったのは一九六四年（昭和三九）からで、以後七年間

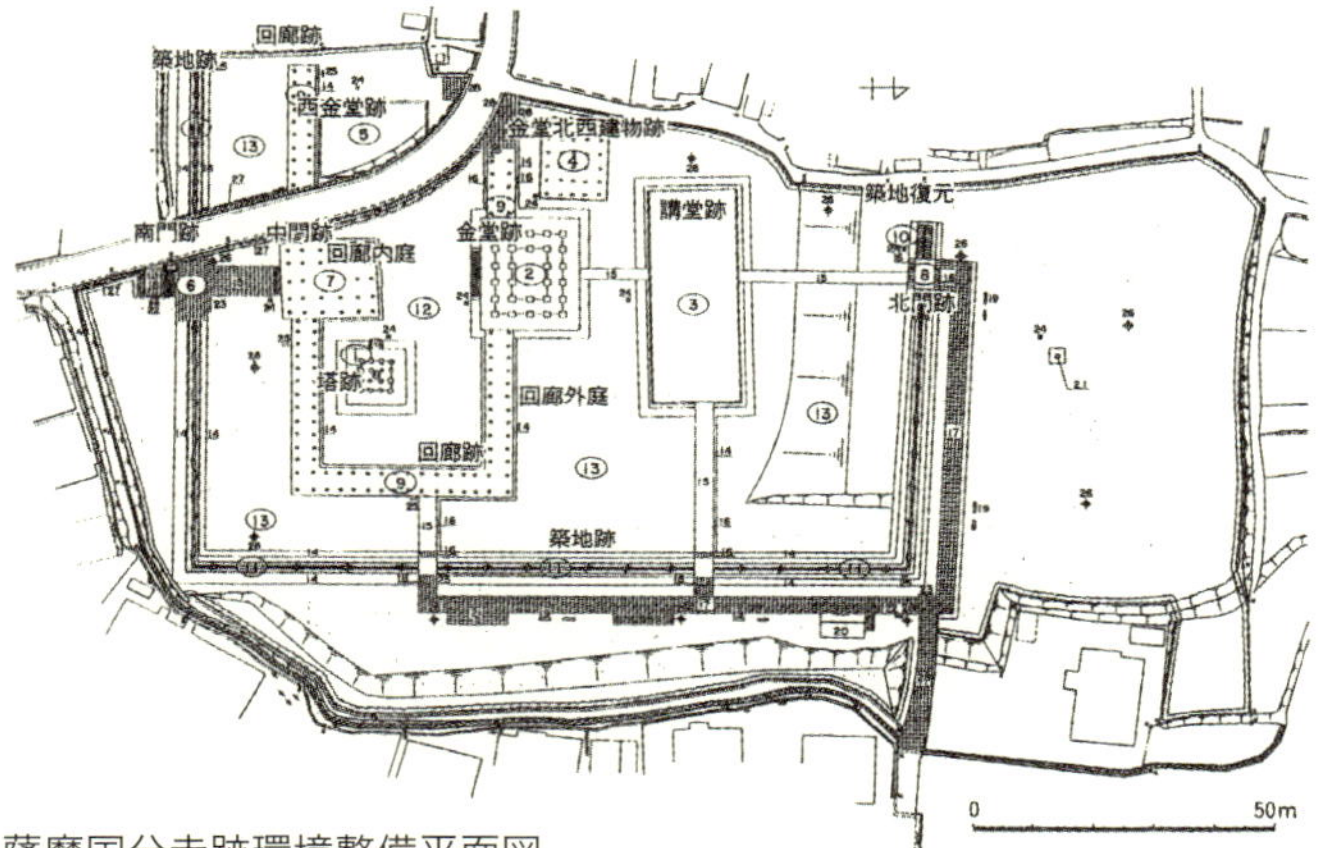

薩摩国分寺跡環境整備平面図

に八次にわたる調査が行なわれ、全体像がつかめるようになってきた。

位置は、国府の東側に隣接する方二町四方と推定されていたが、実測では南北一三〇メートル、東西一一八メートルであった。ただし、正面の南門の一部と西金堂《にしこんどう》の一部は既存道路が曲線状に近隣集落に貫通していたために破壊されており、その部分は推定にとどまっている。

その後、一帯を史跡公園にするため、一九七八年から三カ年にわたって環境整備事業が進められ、一部の追加調査が行われている。

その結果にもとづいて、薩摩国分寺跡

の概要を示すと、つぎのようである。

国分寺は正面を南に向け（南門が正面）、南門から北に向かって、中門、金堂、講堂が配置されていた。中門と金堂は長方形状の回廊で結ばれ、その長方形状域内に東に塔、西に西金堂が配され、その伽藍《がらん》配置は奈良県明日香《あすか》村の川原寺《かわらでら》のそれに類似している。

また、薩摩国分寺に用いられた瓦《かわら》を焼いた窯《かま》跡が寺跡の北方約一キロの市内鶴峯《つるみね》で見つかっている。

ところで、薩摩国分寺はいつ造られたのであろうか。発掘調査の結果から、その時期はどう限定されたのであろうか。

日本史では、七四一年（天平十三）に聖武天皇が国分寺建立《こんりゅう》の詔《みことのり》を出して、諸国に国分寺と国分尼寺を造らせることにした、ことになっている。それは八世紀の歴史を記した『続日本紀《しょくにほんぎ》』の、つぎのような記事によっている。

宜《よろ》しく天下諸国をして各敬《つつし》みて七重塔一区を造り……僧寺には必ず廿僧有らしめ、其の寺の名を金光明四天王護国之寺《こんこうみょうしてんのうごこくのてら》と為《な》し、尼寺には一十尼ありて、其の寺の名を法華滅罪之寺《ほっけめつざい》と為し……。

この記事によって、国分寺には七重塔が建てられたことや、寺名の正式名称などがわかる。いま、薩摩国分寺史跡公園を訪れると、南門跡近くの石碑に「金光明四天王護国之寺」の文字が刻まれている。また、ここには二〇名の僧が定住することになっていた。しかし、「法華滅罪之寺」と名づけられた国分尼寺の跡はいまだ見つかっていない。

聖武天皇によって七四一年に建立の命令は出されているが、寺院の造立には数十年の年月を要するのが通例である。したがって、全国的なこの大事業が聖武天皇の生存中に完成した国が、どれだけあったのか。そう多くはなかったと思われる。

まして、薩摩・大隅両国のように財政基盤が弱体であった地域では、容易には事業は進まず、薩摩国分寺の造立時期は八世紀後半でも末に近い時期とみられている。

肥後国からの援助

じつは、八世紀末まで薩摩国分寺について記した直接的記録・史料は見出されていない。その後、九世紀に入って八二〇年に成立した『弘仁式《こうにんしき》』にいたって、はじめて見えてくる。そこでは、肥後国の国庁費用のうち、「国分寺料八万束《そく》」の内訳として、「当国六万束、薩摩国二万束」とある（一束は米二升＝約三キロ）。細部については省くが、薩摩国分寺の維持費は肥後国からの援助によって支えられていたのである。

同様のことは大隅国分寺でも見られ、そこでは日向国の国分寺料から二万束の維持費援助を受けていた。

このような『弘仁式』の記事からみると、薩摩・大隅両国分寺は、九世紀に入っても自立できる状況ではなかったのである。となると、両国分寺は莫大な造立費をどのようにしてまかなったのか、気にかかるところであるが、それらについては知る手がかりはない。

『弘仁式』から約一世紀を経た『延喜式《えんぎ》』（九二七年成立）になると、両国ではそれぞれ「国分寺料二万束」を計上しているので、ようやく自立して経営できるようになったのではないかと思われる。

薩摩国分寺の規模は、全国の国分寺のなかでも小さい方だといわれているが、それでもその維持・管理は困難な状況が長期にわたっていたようである。

それでも、地域の一部の人々は寺院を心のよりどころとして存続させようと努めたのであろう。国分寺跡の発掘調査でわかるのは、薩摩国分寺がその後二回にわたって建てかえられ、鎌倉時代まで存続していたことである。しかし、その建て方がしだいに粗末になっていたことも判明している。

このように薩摩国分寺の建立や維持の状況を見てくると、はじめに取りあげた小学校の教科書の記述に、筆者が抱いた疑問の一端がおわかりいただけるのではないだろうか。

初出土の木簡が語る

国分寺跡を訪れた多くの人が、近くにある「川内歴史資料館」によく立ち寄られる。地域の博物館としては充実した展示内容で、ときに企画展示の催しがあって楽しい。また、隣接して「川内まごころ文学館」があり、文学好きには人気の館である。

国分寺跡と歴史資料館の間に、いまでは九州新幹線の高架が造られている。新幹線が市街地の、しかも低地を走る例は多くはない。おそらく、住民にとっては騒音など

木簡（四面）と各面の判読文字

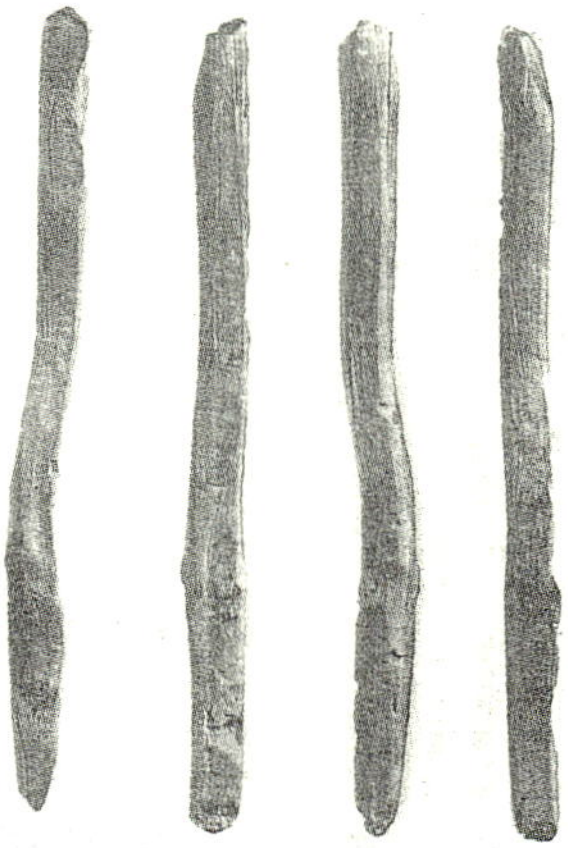

（正面・一行目）
告知諸田刀□〔祢カ〕等　勘取□田二段九条三里一曽〔　〕〔二字分〕

（左側面・二行目）
右件　水田□□□□〔子息カ〕□□□□□□□□□

（裏面・三行目）
嘉祥三年三月十四日　大領薩麻公

（右側面・四行目）
擬少領

で迷惑であろうが、じつはその高架の橋脚建設工事の折に、先立って行なわれた発掘調査で思わぬ発見があった。

二〇〇一年二月のことである。遺跡は旧川内市中郷《ちゅうごう》で字名《あざ》から京田《きょうでん》遺跡と名付けられている。遺物・遺構は多様であったが、もっとも注目されたのは墨書のある木簡《もっかん》で、鹿児島県内では初出土の貴重な遺物である。

木簡は、一見すると木の枝の端切れと見紛《みまが》うような形状であるが、調査者は墨書があるのを見逃さなかった。

墨書木製品は、長さ約四〇センチ、一面の幅約三センチの棒状で（墨書木製品は一般的には板状が多い）、地面に突き立てた杭《くい》として転用されていた状態が、その形状から推察できた。棒状四面に墨書があり、鹿児島県埋蔵文化財センターの赤外線カメラでその解読を試みた。

その解読には筆者も立ち合うことになったが、「嘉祥《かしょう》三年」（八五〇）などの記載があることは判読できるものの、判読不明の文字が多いため、四月になって奈良文化財研究所に解読を依頼した。

木簡の出土は一九六〇年代から、奈良の平城京跡を中心に、すでにその出土量は数十万点を数えており、さほど珍しい遺物ではなく、九州では大宰府跡からの出土が多い。したがって、出土木簡の解読研究は奈良文化財研究所が全国的拠点となって進められており、毎年同研究所で全国の出土木簡についての報告および研究学会が開催されている。

そのような研究の蓄積を持つ研究所に、京田遺跡出土の木簡の解読を依頼したのであったが、全面（四面）にわたる判読は容易でなく、ようやくつぎのような文字が記されていることがわかった（前掲）。

不明文字を多く残したまま、推測を加えながら文意を解読すると、大領《だいりょう》（郡長）の薩摩君《きみ》が九条三里一曽にある水田二段（反）を差し押さえたことを、周辺の田刀祢《たとね》（水田を管理する有力者）に告知したものであろう。それに擬少領《ぎしょうりょう》（副郡長格）も同意している。

年月日が嘉祥三年（八五〇）三月十四日とあるので、田植時期を目前にしており、またこの頃までには、この地域に条里制が施行され、それによって水田が区画されていたことも知られる。

女性呪能者による脅迫

話は一転するが、川内川下流域は女性呪能者《じゅのう》がかなり勢力を張っていたようである。隼人は吠声《はいせい》によって呪力を発揮していたことはよく知られているが、その能力は男性ばかりでなく女性も身につけていた。実態は、女性の方が多かったのではないかとも思われる。

その女性呪能者たちが、中央政権が南島に派遣した使節団を川内川下流域で脅迫した事件を史書『続日本紀』は伝えている。七世紀の終末のことである。

使節団は南島覓国使《べっこく》といい、南島に国を覓《もと》める調査団である。そのころ、中央政府は奄美大島や沖縄などを支配領域に置くことを目論《もくろ》んでいたようである。そのための調査団であったが、一行は川内川河口付近に寄港したのであろう。おそらくは、近い将来に薩摩国府を設置する地域の下見という意図もあってのことと見られる。

使節団は帰朝後、つぎのように報告している。薩摩の比売《ひめ》・久売《くめ》・波豆《はず》などが周辺の豪族らと肥人《ひびと》たちを従え、武力をもって使節団を剽劫《ひょうきょう》した。剽劫とは脅迫し、おどすことである。また肥人とは、九州西岸を拠点にした海民で八代海や九州西海を中心に漁業・交易を生業としつつ、ときに海賊的行為をはたらく集団と見られる。『万葉集』にはかれらの習俗を詠《よ》んだ一首がある（巻十一—二四九六）。

肥人《ひのひと》の額髪結《ぬかがみゆ》へる染木綿《しめゆふ》の染《し》みにしこころわれ忘れめや

肥人には染めた木綿（布）で額髪を結う習俗があったようである。いわば鉢巻《はちまき》に類似した、目立つような模様に染めた布で頭部をしばっていたのであろうか。ところで、比売・久売・波豆とは何者なのであろうか。おそらくは、その名からして女性たちで、しかも集団で行動するところからして、また、武力も持ち、周辺の豪族や肥人を従えていることなどから、「女酋《じょしゅう》」とでもいえそうな女性首長グループであろう。

このように語ってくると、男尊女卑の風習が強いといわれている風土の薩摩で、はたしてそんなことがあったのだろうか、信じられないと思う人が多いのではなかろう

天辰寺前古墳地形図

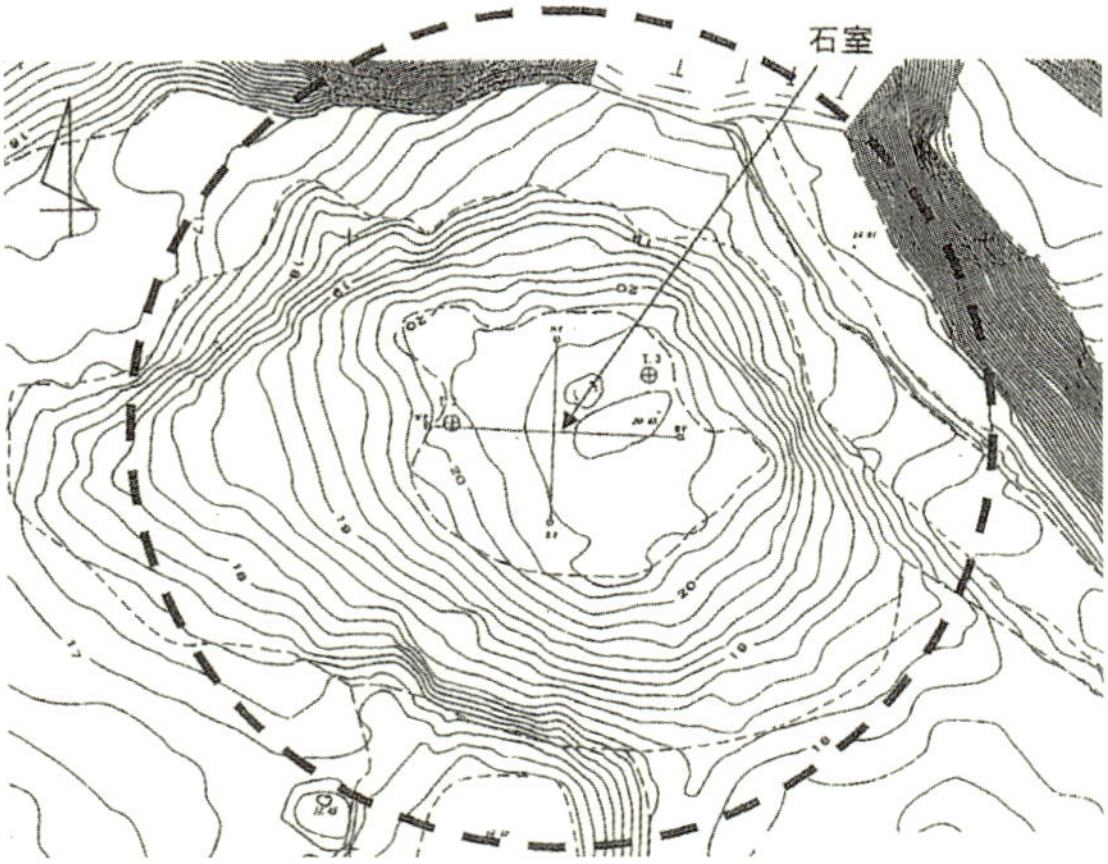

点線が墳丘の推定範囲（直径約 28m）

か。

そう思われても仕方がないであろう。筆者が『続日本紀』でその関係記事を読んだのは今から四、五〇年前であったが、それ以来この剽劫事件については十分には納得できず、疑問を抱きつづけてきたところがあった。

ところが、近年になってその疑問が解けだしたのであった。それは二〇〇八年六月に薩摩川内市天辰《あまたつ》町で古墳が発見され、その発掘調査の内容が明かされたことによってである。

天辰寺前《てらまえ》古墳と名づけられたこの古墳の所在地は、川内川の流れに近く、純心女子大学の建物もそう遠くない所に見えている、平坦地に立地していた。

一帯は宅地造成の区画整理事業工事が進められており、小山のようなこの古墳の部分だけが取り残されていた。古墳は直径約二八メートル、高さ約三メートルの円墳で、墳丘頂上付近に竪穴《たてあな》式石室が造られていた。その石室内から女性人骨が出土し、周辺から貴重な遺物も発見された。

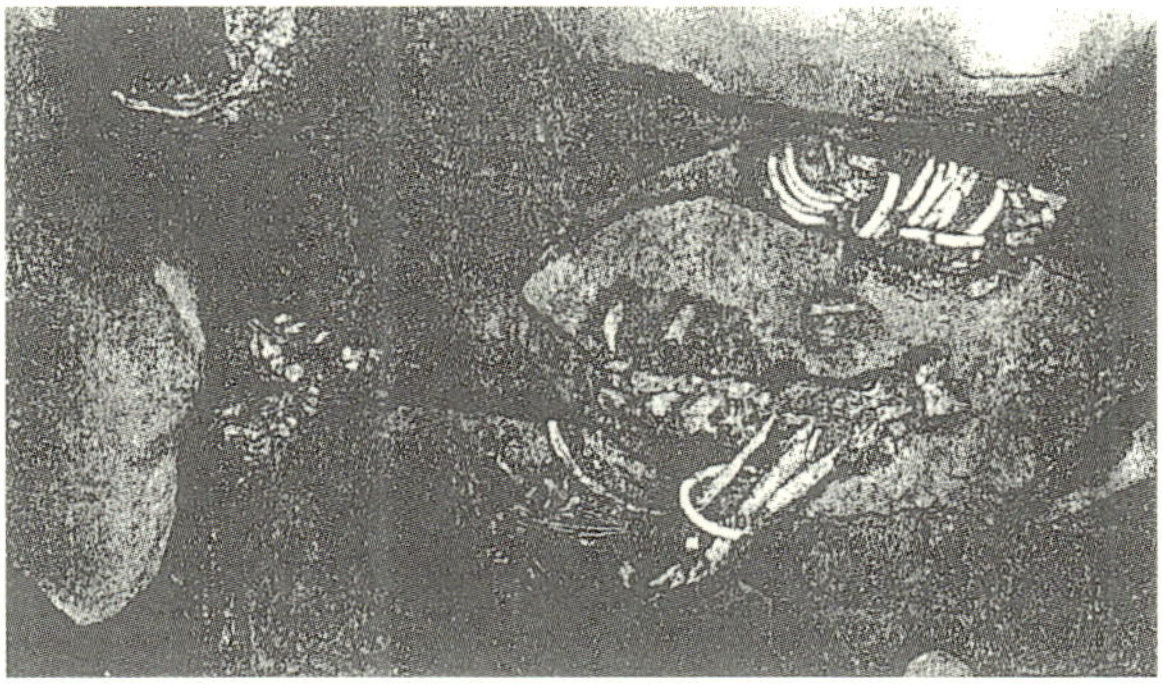

貝製腕輪を装着した人骨（左側が頭部）

古墳の築造は五世紀ごろと推定され、女性人骨は二十歳代の成人人骨で、頭部を東にして仰向けの状態で埋葬されていた。人骨の頭部東側には刀《とう》子《す》（小形の刀）、脚部西側には直径約十センチの銅鏡一面が副葬されていた。

また、人骨には左腕に十三個、右腕に一個の計十四個のイモガイ製の腕輪が装着されていたが、腕輪の径が小さく、幼いころから着けていたことがうかがえた。

このような副葬品と腕輪装着人骨の状況から見

て、被葬者は勢力をもつ古墳周辺の支配者であり、かつすぐれた呪能をもつシャーマンでもあったことが認められよう。

このような女性人物像が時期を下降しても、文献に見える女酋として、その勢力を保持して存続し、覓国使《べっこく》剽劫《ひょうきょう》事件の当事者になったと推察できるようである。

ところで、このような女性呪能者は川内川流域に限定された存在であろうか。かつては沖縄諸島・奄美諸島に広く女性呪能者が存在しており、かの女らは政治的にも勢力を保持していた。

そのような女性の存在を考えると、古代の南部九州でも、各地域で勢力を伸張させていた女性の存在を想定した視野での研究が期待されてよいのではなかろうか。

なお、近時鹿屋市串良の立小野堀遺跡の、五〜六世紀ごろの地下式横穴墓から、シャーマン的女性人骨が出土しているが、いまだ詳報は得られていない。

さらに願う　木簡出土

さて、隼人の居住していた八世紀を中心に、古代社会の真相を追求していると、あちこちでいつも大小の壁を感じる。それは史料の少なさである。正史《せいし》（官撰の歴史書）の『続日本紀』は、その前の『日本書紀』よりは信頼性があるが、いずれにしても為政者の側から見た記述であり、天皇・朝廷や貴族の動向、そして畿内中心の史観が主流の叙述となっている。

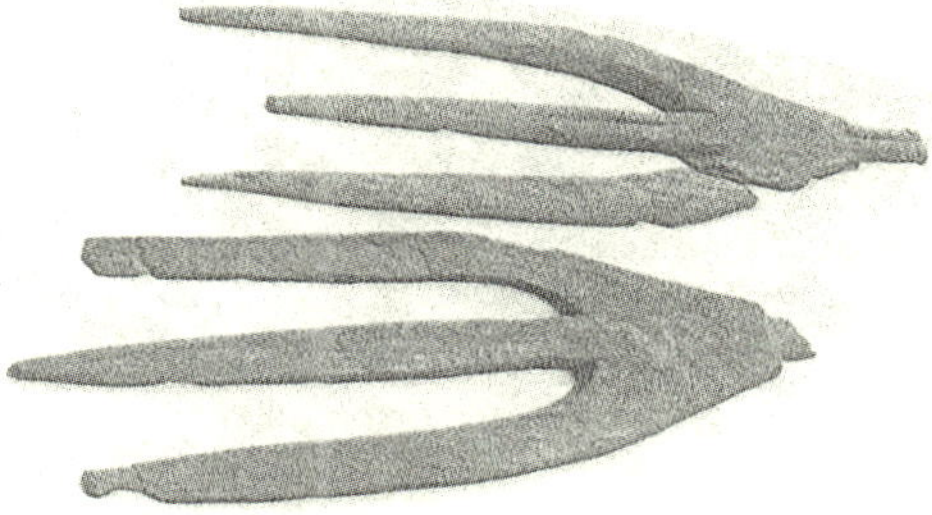
弥生時代の鍬（木製品の一例）

それは、それなりに知りたいことではあるが、さらに知りたいことは、地方のことや、一般民衆の生活や社会の実態である。これらのことは、わずかな記述からのぞき見て、推察を加えてみるというのが現状である。

このような文献史学の現状に、側面から光をあててくれたのは、考古学による発掘調査である。これまでにも、発掘調査の成果からは少なからず示唆を受けてきた。

そのような状況のなかで、発掘調査で筆者が個人的にもっとも期待している奈良時代の遺跡がなかなか検出されず、八世紀の新しい情報が得られることが少ないことが残念である。

さらに筆者が期待していたのは、木簡が出土した京田遺跡から、さらに、続いての木簡の出土であった。京田遺跡では、さきの木簡出土のあと、続いて調査が進行していた。その結果、さらなる木簡の出土はなかったものの、下層から弥生時代の多種の木製品や水田跡などが出土し、まれにしか検出されない貴重な遺物・遺構として注目されることになった。

初出土の木簡にしろ、多種の木製品の出土にしろ、なぜにこの遺跡から集中的に出土したのであろうか。

それは、京田遺跡の立地が主因とみられる。全国的に木簡や木製品の出土地は、概して低湿地であり、地下に水分の多い場所である。その点、「京田遺跡」はその地名(字名《あざ》)からして田地であり、水分の多い低湿地であった。

京田遺跡の発掘現場を見学させていただきながら、調査担当者と雑談を交わしているなかで、「なるほど」と思わせる一言があった。

それは、これまで各地で発掘作業をしてきたが、京田遺跡のような低湿地で作業をしたことはほとんどなかった、ということであった。県内の遺跡は、一般に高所が多く、山地・丘陵地であり、そのような立地に関連して縄文時代の遺跡か、古代を越えて中世の遺跡が主になるという。

このような話を聞いていると、新幹線がこの地域でたまたま低地を走行することになったことが、木簡や木製品の発見・出土につながったようである。

そこで想起されるのは、平城宮跡での発掘風景である。学生時代、筆者は平城宮跡のすぐ北の奈良市佐《さ》紀《き》中《なか》町に下宿していたので、平城京跡の発掘作業は日常的に見学していた。

その日常的な風景に、時に異変が起こるようになったのは、学生生活も終りに近づいた頃からであったと記憶する。風景の異変とは、係の若い職員が両手のひらを合わせるようにして、何かをもって事務所のある建物に走り込むのである。

あとで分かったことであるが、それは木簡らしいものが出土したときの行動であった。

木製品は、出土するまで水に浸《ひた》るように土中に埋没していたので、それを掘り上げて外気にしばらく触れさせると、変形・変質し、表面の文字も薄くなって読み取りにくくなるので、なるべく早く水の中に漬ける必要がある、というのであった。

そのような発掘風景を、四十年近く経た京田遺跡の地で、筆者は久しぶりに見ることになった。京田遺跡近くに設けられた仮設事務所内で、ただの棒切れとしか見えない、県下初出土の木簡はパンケースの水槽の中で保存されていた。

いつの日か、県下のどこかで、このような発掘風景と再び出会いたいと願っている。

（写真・図版は県教委刊『先史・古代の鹿児島』および薩摩川内市教委「天辰寺前古墳現地説明会資料」より）

あとがき

本書は、霧島市の中心地に立地する国分で、文化的諸事業を展開している国分進行堂が毎月出している情報誌「モシターン きりしま」に二〇一四年三月から十二月まで十回にわたって連載した「隼人異聞物語」が元になっている。

この情報誌は、その種の一般的なタウン情報誌と違って、歴史ものが主体部を占め、ほかにエッセイ・詩・短歌・俳句などの文芸ものも多く、きわめてユニークである。

筆者はその魅力的な内容にひかれて、七・八年前から読ませてもらっていた。筆者にいつも届けてくれたのは、同誌の記者で編集も担当していた伊地知南さんである。

伊地知さんは、いつも車を馳せて筆者の研究室に直接届けて下さり、ついでに歴史のさまざまな疑問を投げかけては、筆者を楽しませてくれていた。そのうちに、筆者への寄稿を促すことも、「冗談です」、といいながら話題にしていた。

それが現実になったのは、一昨年の年末近くであったと記憶している。それ以降筆者は毎月四ページ分の原稿を届けていた。そして約一年後に一冊になるほどの分量になったので、まとめて『隼人の実像』のタイトルで南方新社より刊行したのであった。


そしてさらに、続篇の寄稿を続けることにした。

続篇では、隼人の実相究明にはさらなる「複眼的見方」の必要を感じ、これまでは正面から取りあげなかった諸問題に、周辺部からあえて鍬を入れてみた。

木簡の研究方法の一つに斜光法がある。地下から掘り出された新史料の木簡の文字判読に、斜めから光をあてると、墨書文字が見えやすくなることがある。それと同じように、ある時は下から、ある時は斜めから隼人を見ると、いままでは見えにくかった隼人の姿が浮かびあがってくるようであった。

本書は、そのような隼人の姿をとらえて一冊にまとめたものである。

筆者が続篇を書いている間に、伊地知さんが入院しているという話が伝わってきた。それでも、そのうちまた元気な姿で研究室に現れるだろうと、気軽に考えていた。

ところが、突然に訃報がもたらされて、動転してしまった。そのうち、奥様からご鄭重なお手紙をいただいた。じつは、奥様とは面識がなく、そのお心遣いに大変恐縮し、せめてもの返書を差しあげて、お悔やみ申し上げた。

本書を、伊地知南さんの御霊前に謹んで捧げて心よりの追悼の意を表します。

最後に、本書の刊行を快くお引き受けいただいた国分進行堂の赤塚恒久さんにお礼を申し上げます。

二〇一五年一月

中村明蔵

著者紹介
中村明蔵（なかむら　あきぞう）
1935年、福岡県北九州市生まれ。1962年、立命館大学大学院日本史学専攻修士課程修了。ラ・サール高校教諭、鹿児島女子短期大学教授、鹿児島国際大学国際文化学部教授を経て、現在、同大学大学院講師。文学博士。主な著書に、「薩摩　民衆支配の構造」（南方新社）「鑑真幻影」（同）「飛鳥の朝廷」（評論社）「熊襲と隼人」（同）「隼人の研究」（学生社）「隼人の楯」（同）「熊襲・隼人の社会史研究」（名著出版）「隼人と律令国家」（同）「南九州古代ロマン」（丸山学芸図書）「新訂　隼人の研究」（同）「クマソの虚構と実像」（同）「かごしま文庫（29）ハヤト・南島共和国」（春苑堂出版）「古代隼人社会の構造と展開」（岩田書院）「神になった隼人」（南日本新聞社）「隼人の古代史」（平凡社新書）「中村明蔵雑論集」（洛西出版）「隼人の実像」（南方新社）。

隼人異聞史話
緑の下の古代史

２０１５年２月２０日　第一刷発行

著　者　中村明蔵
発行者　赤塚恒久
発行所　国分進行堂
〒８９９-４３３２
鹿児島県霧島市国分中央３丁目１６-３３
電話　０９９５-４５-１０１５
振替口座　０１８５-４３０-当座３７３
URL　http://www5.synapse.ne.jp/shinkodo/
E-MAIL　shin_s_sb@po2.synapse.ne.jp

印刷・製本　株式会社国分進行堂

定価はカバーに表示しています
乱丁・落丁はお取り替えします

ISBN978-4-9908198-1-1　C0021